Sabine Herm

Mit „schwierigen" Kindern umgehen

Sabine Herm

Mit „schwierigen" Kindern umgehen

HERDER

FREIBURG · BASEL · WIEN

Gedruckt auf umweltfreundlichem,
chlorfrei gebleichtem Papier

Umschlaggestaltung und Konzeption:
R·M·E Roland Eschlbeck / Rosemarie Kreuzer
Umschlagfoto: Albert Josef Schmidt, Freiburg

Alle Rechte vorbehalten – Printed in Germany
© Verlag Herder Freiburg im Breisgau 2003
www.herder.de
Satz: Barbara Herrmann, Freiburg
Druck und Bindung: fgb · freiburger graphische betriebe 2003
www.fgb.de
ISBN 3 - 451 - 27916 - 9

Inhalt

Teil II
Empfehlungen für die pädagogische Praxis

Vorwort

In den letzten Jahren hat sich in der Öffentlichkeit ein Perspektivenwechsel in Äußerungen über Kinder vollzogen. Während früher neben Anstrengungen und Schwierigkeiten viel deutlicher das Wunderbare, Bereichernde und Zukunftsweisende in Berichten über Kinder heraus zu hören war, dominieren heute die Kosten, Schwierigkeiten und Probleme, die Kinder bereiten. Immer wieder ist zu hören, dass heutige Kinder zu laut, zu aktiv, hyperaktiv, nicht aufmerksam, sprachauffällig, aggressiv oder manchmal auch schon depressiv sind. In der weltweit durchgeführten PISA Studie zum Vergleich von schulischen Leistungen haben die Kinder in Deutschland „versagt". – Die Liste der Negativbeurteilungen ist mit Sicherheit nicht vollständig. Was ist los mit unseren Kindern? Welche Botschaften können oder besser, müssen wir Erwachsenen ihren auffälligen Verhaltensweisen entnehmen?

Seit vielen Jahren bin ich nicht nur als Mutter, sondern auch als Supervisorin, Fortbildnerin und Beraterin in Kindertagesstätten mit den Themen der kindlichen Entwicklung und Erziehung befasst. Ich erlebe, dass Eltern wie Gesellschaft von den Erzieher/innen eine hohe Qualität in der Erziehung, Bildung und Betreuung der Kinder erwarten. Gewünscht oder gehofft wird außerdem, dass die Mängel und Versäumnisse der Erziehung im Elternhaus oder Entwicklungsbeeinträchtigungen durch Umweltfaktoren mit Hilfe der engagierten Arbeit von Erzieher/innen ausgeglichen werden können.

Der Psychoanalytiker Alfred Adler hat Erziehung als eine Kunst und als die schwierigste Aufgabe im Leben eines Menschen angesehen.[1] Sicherlich werden die meisten Erzieher/innen (und Eltern) diese Meinung teilen. Zur Ausübung der „Erziehungs-kunst" gehören jedoch nicht nur die persönlichen und fachlichen Fähigkeiten der Pädagog/innen, sondern unbedingt auch die not-wendigen personellen und materiellen Rahmenbedingungen, die unverständlicherweise immer weiter eingeschränkt werden.

Trotz der zahlreichen Hürden und Hindernisse bewältigen die Erzieher/innen ihren Auftrag in sehr engagierter Weise und mit großer Zuneigung zu Kindern. Das erlebe ich in der Zusammen-arbeit mit ihnen tagtäglich. Mit diesem Buch möchte ich zum einen dazu beitragen, dass ihre verantwortliche Tätigkeit gewür-digt wird. Zum andern will ich Hilfestellungen im Umgang mit Kindern und Eltern in schwierigen Lebenssituationen anbieten. Für die Auswahl zur Bearbeitung der einzelnen Themen habe ich mich an einer Befragung zum Thema „schwierige Kinder" unter Fachkräften aus Kindertagesstätten orientiert.

Zunächst beschreibe ich die wichtigen Entwicklungsetappen in den ersten Lebensjahren der Kinder, denn hier werden die Weichen für das kindliche Selbstwertgefühl gestellt, für Wohl-befinden, Lebensfreude und die vielen kreativen Entfaltungs-möglichkeiten. Diese frühen Phase ist entscheidend für einen unbeschwerten oder schwierigen Entwicklungsverlauf.

Allerdings erleben nicht alle Kinder in ihren ersten Lebensjah-ren Geborgenheit, Zuwendung, Wertschätzung und eine ent-wicklungsfördernde Umwelt. Immer mehr Kinder werden zu „schwierigen" Kindern und zeigen schwerwiegende Verhaltens-auffälligkeiten oder Entwicklungsstörungen. Ihre Verhaltenswei-sen können als Signale oder Hilferufe an die Umwelt interpretiert werden. Sie wollen darauf aufmerksam machen, dass in ihrem Innersten und in ihrer Umwelt etwas aus dem Gleichgewicht ge-raten ist. In den folgenden Kapiteln werden Auffälligkeiten und schwierige Lebenssituationen von Kindern beschrieben und

---

[1] Vgl. Hoffmann 1992, S. 199

durch Beispiele aus meiner Praxis als Supervisorin und Beraterin für Kindertagesstätten veranschaulicht. Die Namen aller Personen sind selbstverständlich geändert.

Das sechste Kapitel beschäftigt sich mit Jungen, die von Eltern, Erzieher/innen und Lehrer/innen in zunehmendem Maß als schwierig und auffällig beschrieben werden. Welche Hürden und Störfaktoren haben sie in der heutigen Zeit zu bewältigen, die vielfach durch die Abwesenheit von Vätern oder lebendigen männlichen Vorbildern geprägt ist? Wie können Pädagog/innen Jungen im Rahmen der öffentlichen Kindererziehung Halt, Sicherheit und Orientierung auf dem Weg zu ihrer Identitätsfindung bieten und wo liegen Grenzen, die sich aus den gesellschaftlichen Bedingungen ergeben?

Wir leben in einem Zeitalter der Kommunikation, der Verständigung und weltweiten Vernetzung und dennoch steigt die Zahl der Kinder stetig an, die Sprachauffälligkeiten aufweist. Das siebte Kapitel geht der Frage nach, welche Rahmenbedingungen und pädagogischen Unterstützungen notwendig sind, damit sich Kinder mit ihrer kindlichen Energie und Freude unser komplexes Sprachsystem aneignen und mit uns kommunizieren können.

Nach diesen vorwiegend theoretischen Überlegungen folgt der praktische Teil des Buches. Schwierige Kinder, die ein hohes Maß an Geduld, Verständnis und Aufmerksamkeit fordern, sind eine besondere Herausforderung an die persönliche und fachliche Kompetenz der Erzieherin. Das achte Kapitel enthält deshalb Instrumente zur Beobachtung der Kinder, um die Auffälligkeiten im Kontext ihrer Lebensbedingungen besser verstehen zu können. Ein weiteres Thema sind kollegiale Beratung und Supervision, die neben dem persönlichen und professionellen Wachstum auch zu Entlastung und Entspannung beitragen können. Ein Kapitel über Beziehungsarbeit und Kommunikation als zentrale pädagogische Kompetenz schließt sich an.

Erzieherinnen verfügen (meistens) über die nötige Distanz, um ohne emotionale Verwicklungen und Schuldgefühle Schwie-

rigkeiten von Kindern wahrzunehmen, nach Ursachen zu forschen und – gemeinsam mit den Eltern – neue Wege im Umgang mit den unterschiedlichen Schwierigkeiten zu erproben.

Das zehnte Kapitel thematisiert die Zusammenarbeit mit Eltern, denn wenn sich die Eltern oder die Familie insgesamt in
einer Kita akzeptiert und gut aufgehoben fühlen, können auch
schwierige Gespräche, wie z. B. über Verhaltensauffälligkeiten
oder Entwicklungsstörungen ihres Kindes lösungsorientierter
und für alle Beteiligten zufriedenstellender geführt werden.

Zahlreiche Gespräche mit Fachkräften in Kindertagesstätten haben mir wichtige Impulse für die inhaltliche Gestaltung dieses
Buches geliefert. Dafür möchte ich allen Beteiligten herzlich
danken. Mein besonderer Dank gilt Mareike Herm und Valerie
Fischer-Weituschat, die das Entstehen dieses Buches kritisch begleitet haben.

Sabine Herm
Berlin im Februar 2003

Teil I
Hintergründe zum Umgang mit schwierigen Kindern

1 Die aufregenden ersten Lebensjahre – Wie sich Kinder entwickeln und was sie brauchen

Bevor ich die Schwierigkeiten und Auffälligkeiten von Kindern beschreibe, mit denen Erzieher/innen heute in ihrer pädagogischen Arbeit konfrontiert sind, möchte ich zunächst darauf eingehen, wie sich Kinder entwickeln und was sie zur Bewältigung ihrer Entwicklungsschritte an Unterstützung brauchen. Vor diesem Hintergrund lassen sich viele „Störungen" vermeiden, auffällige Verhaltensweisen erklären und manchmal auch ganz einfache Maßnahmen zur Verbesserung des kindlichen Wohlbefindens ergreifen.

In keiner anderen Lebensphase entwickelt sich der Mensch so umfassend und in solch rasantem Tempo wie in den ersten sechs Lebensjahren. Insbesondere im ersten Jahr sind nahezu täglich neue Entwicklungs- und Lernschritte zu bestaunen. Eltern drücken ihre Freude über ihr Kind und seine neuen Fähigkeiten in vielfältiger Weise aus. Sie nehmen ihren Säugling auf den Arm, drücken den kleinen Körper fest an den eigenen, streicheln die Wangen des Kindes, lächeln ihm zu und teilen ihm mit, wie lieb sie es haben. In dieser Interaktion vertieft sich nicht nur die Bindung zwischen Eltern und Kind, hierbei werden auch Emotionen „gelernt".

Wenn eine Mutter ihren Säugling anlächelt, dann lächelt er zurück. Das kleine Kind gerät dadurch in denselben Affektzustand wie seine Mutter, denn ihr Gesichtsausdruck produziert auch bei ihm das entsprechende Gefühl von Freude. Dies erklärt sich dadurch, dass sich evolutionsgeschichtlich Verbindungen zwischen Gefühlen und entsprechendem Körperausdruck herausgebildet haben. Daher spiegeln sich Basisemotionen wie Freude, Traurigkeit, Ärger, Furcht oder Ekel im Gesichtsausdruck wider. Umgekehrt verweist die Mimik des Menschen auf seine emotionale Befindlichkeit und diese entspricht wiederum bestimmten physiologischen Korrelaten, die durch Blutdruck, Pulsfrequenz und elektrischen Hautwiderstand nachweisbar sind. Der Säugling erfährt in diesen Interaktionen die ganze Vielfalt menschlicher Emotionen. „Dadurch reguliert sich der kindliche Organismus entlang des erwachsenen Vorbildes" schreibt Dornes (2000, S. 199) und bezeichnet diesen Vorgang aus psychoanalytischer Sicht als „primäre Identifizierung".

Wenn Eltern starke psychische Belastungen, Beziehungskonflikte, materielle Existenzängste oder gesellschaftliche Isolation erfahren, kann sich das sehr negativ auf ihre emotionale Grundstimmung auswirken und bis hin zu Depressionen führen. Hält die Depression über längere Zeit an, spiegeln sich Traurigkeit und Lebensängste im Gesichtsausdruck der Mutter oder des Vaters wider. Der Säugling nimmt diese Signale wahr und reproduziert die Gefühle. Durch diese „primäre Identifikation" mit den Eltern und deren anhaltende depressive Grundstimmung besteht die Gefahr der Beeinträchtigung der kindlichen Entwicklung, die sich auch in Verhaltensauffälligkeiten niederschlagen kann.

Nicht zuletzt aus diesen Gründen ist es wichtig, sich genauer mit dem Verlauf und der Bedeutung der frühkindlichen Entwicklung auseinander zu setzen.[2] In der frühen Lebensphase werden die Weichen für das kindliche Selbstwertgefühl und Entfaltungsmöglichkeiten gestellt, für Wohlbefinden, Lebensfreude und Neugier auf diese Welt.

---

[2] In der Darstellung orientiere ich mich am durchschnittlichen Entwicklungstempo von Kindern. Kinder, die mit einer Entwicklungsbeeinträchtigung oder Behinderung geboren werden, finden ihr eigenes Maß für ihre Entwicklung.

1.1 Auf dem Weg zur Unabhängigkeit

Jeder Mensch wird in eine Welt mit vielen unterschiedlichen Menschen hineingeboren. In dieser grenzenlosen und aufregenden Welt soll und will das Kind seinen eigenen Platz finden und lernen, in größtmöglicher Autonomie sein eigenes Leben zu gestalten und am gesellschaftlichen Miteinander teilzuhaben. Dieser Prozess kann als Individuation bezeichnet werden. Er ist eine spannende, mitunter auch reichlich schwierige Entwicklungsaufgabe der ersten Lebensjahre.

Der Begriff „Individuation" wird auf unterschiedliche Weise verwendet. Der Duden (2001) definiert ihn als „Prozeß der Selbstwerdung des Menschen, in dessen Verlauf sich das Bewusstsein der eigenen Individualität bzw. der Unterschiedenheit von anderen zunehmend verfestigt." Bei den Familientherapeuten Simon und Stierlin ist nachzulesen: „Unter familiendynamischen Gesichtspunkten bezieht sich der Begriff in erster Linie auf die Ausbildung einer individuellen Identität und psychischer Grenzen. So verstanden streben seit etwa einer Milliarde von Jahren Lebewesen nach höheren Graden der Individuation" (1984, S. 160). Die Entwicklungspsychologin Margret Mahler (1986) verwendet den Begriff in ihrem Buch „Symbiose und Individuation" im Sinne der Herauslösung oder Trennung des Säuglings aus der symbiotischen Beziehung mit der Mutter im ersten Lebensjahr.[3]

Ähnlich wie Simon/Stierlin benutze ich den Begriff „Individuation" im folgenden im Sinne von Entwicklung der Autonomie und der Differenzierung des „Selbst". Für alle Entwicklungsschritte benötigt das Kind die liebevolle Unterstützung durch Vater und Mutter. Die Fachliteratur beschreibt ausführ-

---

[3] Mahlers Ansatz der engen Verschmelzung von Mutter und Säugling ist inzwischen aufgrund von Ergebnissen der neueren Säuglingsforschung umstritten, diese symbiotische Beziehung wird infrage gestellt.

lich die Bedeutung der frühen Mutter-Kind-Beziehung für das kindliche Wohlbefinden, die Entwicklung des (Ur-)Vertrauens sowie als „sichere Basis" für alle weiteren Entwicklungs- und Lernschritte. Wenn die kindlichen Grundbedürfnisse nach Zärtlichkeit, Zuwendung, Sicherheit, Nahrung und Geborgenheit feinfühlig wahrgenommen und befriedigt werden, kann diese „sichere Basis" allerdings auch der Vater oder eine andere verlässliche Bezugsperson gewähren.

1.1.1 Das erste Lebensjahr

In den ersten Lebensmonaten reagiert der Säugling unbekümmert und neugierig auch auf unbekannte Gesichter. Mit einem freundlichen Gesichtsausdruck, einem Lächeln kann auch eine fremde Person Kontakt aufnehmen und den Säugling problemlos auf den Arm nehmen. Ausgenommen sind jene Säuglinge, die beängstigende oder schmerzhafte Erfahrungen im Kontakt zu fremden Menschen machen mussten.

Dieses unbekümmerte Verhalten des Säuglings ändert sich im achten oder neunten Lebensmonat, wenn die sogenannte „Fremdelphase" beginnt. Das Kind ist nun in der Lage, zwischen bekannten und unbekannten Gesichtern (und den dazugehörigen Personen) genau zu unterscheiden. Inzwischen hat es zu den Personen, die eine dauerhafte Rolle in seinem Leben spielen, eine Bindung entwickelt. Wird es nun von der vertrauten Bezugsperson getrennt, treten Angstreaktionen auf. Nimmt beispielsweise die entfernte Tante beim gelegentlichen Besuch den vergnügten Säugling auf den Arm, wird sie nun wahrscheinlich eine kleine Panikreaktion erleben. Zunächst ein ängstlicher Gesichtsausdruck, Verspannung der Muskulatur, dann Weinen und schließlich das Ausstrecken der Hände zur Mutter signalisieren: „Du bist mir fremd, ich will zurück zu meiner Mama!" Damit ist ein neuer Entwicklungsabschnitt erreicht, denn das Kind nimmt jetzt andere Personen als Individuen wahr, unterscheidet deutlich zwischen „vertraut" und „fremd" und handelt entsprechend.

Wenn das Kleinkind gegen Ende des ersten Lebensjahres zu krabbeln beginnt und selbständig auf Entdeckungsreisen gehen kann, erweitern sich sein Bewegungsradius und sein Horizont. Mit Neugier und Tatendrang unternimmt es erste Exkursionen in die Umgebung. Ausgangspunkt ist stets die vertraute Bezugsperson als „sicherer Hafen", von dem aus in alle Richtungen gekrabbelt werden kann. Zwischendurch wird die Bezugsperson, der „sichere Hafen", immer wieder als Rückversicherung „angelaufen".

Durch diese Erfahrungen mit Annähern und Entfernen reguliert das Kind sein „inneres Gleichgewicht". Die Präsenz der Eltern oder Bezugspersonen unterstützen die Entwicklung des „inneren Gleichgewichts", das für alle Lern- und Entwicklungsschritte notwendig ist.

1.1.2 Das zweite Lebensjahr

Mit etwa einem Jahr bemerkt das Kind deutlich, dass es mit seinem Verhalten, seiner Mimik und Gestik etwas bewirken kann. Es kann in Kontakt treten, andere Personen erreichen oder sogar beeinflussen. Ein Beispiel:

> Ich stehe in einer langen Schlange vor der Kasse des Supermarkts, die Wartenden sind ungeduldig, gelangweilt oder gestresst. Vor mir wartet eine Mutter, im Kindersitz des Einkaufswagens ein etwa eineinhalbjähriges Mädchen. Ich nehme das Kind erst wahr, als es sich seitlich aus dem Wagen hinaus beugt und an der Mutter vorbei in meine Augen schaut. Sofort verschwindet die Kleine wieder aus meinem Blickfeld, lugt kurz darauf aber wieder hervor. Nun beginnt das Spiel von schauen, lächeln und zurückweichen. Ich nehme

den Spielimpuls auf und merke, dass auch ich mich zur Seite beuge, wenn die Kleine hervorlugt und wir lächeln uns an. Inzwischen hat sich das Spielchen auch auf die neben mir Wartenden übertragen, sie verhalten sich genauso „komisch" und „kindlich" wie ich. Das kleine Mädchen hat mit seinen Aktionen Aufmerksamkeit und Kontakt bewirkt.

Allerdings verläuft nicht jede Aktivität nach Wunsch und Plan. Das kleine Kind erfährt immer häufiger, dass Vater oder Mutter bei seinen Entdeckungsreisen nicht auf jede Handlung mit Zustimmung und Wohlwollen reagieren. Es trifft auf Widerstand. – Aber warum nur? Bisher haben sich die Eltern stets über seine neuen Fähigkeiten gefreut und jetzt, wo es schon so groß ist, dass es sogar auf die glänzende Herdplatte langen und darauf patschen kann, gibt es keine Anerkennung. Sie sagen sogar „Nein!" und unterbinden diese spannende Unternehmung.

In dieser Lebensphase hat das Kind zwar noch kein Bewusstsein von richtig und falsch, aber es merkt allmählich, dass die Eltern, die Erwachsenen ganz allgemein, manchmal ganz andere Ansichten von den Dingen haben als es selbst und seine Aktivitäten bremsen. Die Kinder erfahren, dass die Welt Grenzen hat. Diese Grenzen schränken ein, aber geben auch Halt.

Für kleine Kinder sind diese Zusammenhänge schwer zu begreifen. Um notwendige Lernprozesse zu unterstützen, ist es hilfreich, wenn Eltern und Pädagog/innen konsequent und zugleich liebevoll handeln. In dieser Altersstufe wollen Kinder keinen Konflikt mit ihren Eltern, sondern Schutz, Trost, Zuwendung, Spaß im Miteinander und Sicherheit in der Beziehung. Ein Signal wie: „Ich setze dir Grenzen, nicht weil du böse bist, sondern weil ich dich lieb habe und für dich Verantwortung trage", ist eine frühe Orientierungshilfe und stabilisiert die „sichere Bindung" zwischen Eltern und Kind.

Mit „Sieben-Meilen-Stiefeln" schreitet in den folgenden Monaten die Autonomieentwicklung voran. Das freie Laufen wird

immer sicherer und „Hinterherlaufspiele" mit dem Erwachsenen bereiten große Freude – zumindest dem Kind. Das passive
Sprachverständnis ist weit entwickelt und der aktive Sprach-
schatz umfasst schon viele Worte, um Wünsche und Bedürfnisse
auszudrücken.

Die Kinder sind neugierig auf andere Kinder, interessiert an
gemeinsamen Spielaktivitäten, es entstehen sogar erste Freundschaften. Allerdings treten bei den Kontaktbemühungen auch
Schwierigkeiten auf, denn das Kind kann in diesem Alter noch
nicht die Handlungsweisen anderer abschätzen und verstehen.
Manchmal erleben wir in solchen Spielsituationen Angstreaktionen, der Rückzug auf den vertrauten Erwachsenen kann dann
die „Rettung" sein.

1.1.3 Das dritte Lebensjahr

Im dritten Lebensjahr benötigen Eltern oder Erzieher/innen
zeitweilig sehr viel Geduld und ein starkes Nervenkostüm. Sie
erleben Auflehnung, Opposition und Trotz. Die elterlichen
oder gesellschaftlichen Normen und Ziele kollidieren nun sehr
häufig mit den Wünschen des Kindes. Die Kinder verstehen
noch nicht richtig, warum auf bestimmte Wünsche nicht eingegangen wird oder manche Aktivitäten sogar unterbunden werden. Sie wollen eigene Wünsche auch gegen die Meinung des Erwachsenen durchsetzen und testen, ob dies gelingt. Bei
Widerständen resignieren sie nicht mehr so schnell, sondern
entwickeln neue, manchmal sehr kreative Methoden und Mittel,
um ans Ziel zu gelangen.

Häufig erklingt in dieser Zeit der Satz: „So ein eigensinniges
Kind!" und selten ist damit eine positive Fähigkeit gemeint. Zu
unseren Sinnesempfindungen gehört aber auch die Eigenwahrnehmung. Sie wird mit unterschiedlichen Begriffen beschrieben,
wie z. B. Tiefensensibilität, kinästhetische Wahrnehmung, Bewe-

gungssinn, Propriozeption, Körperempfinden oder eben auch Eigensinn. Wir bedenken meistens nicht, dass Eigen-Sinn die sinnliche Fähigkeit ist, die der Mensch benötigt, um seine eigene körperliche, seelische und geistige Befindlichkeit zu spüren. Insofern ist der Begriff „Eigensinn" besonders interessant, er hat eine turbulente Geschichte, was seine Bewertung anbelangt.

Bis zum 18. Jahrhundert hatte „Eigensinn" eine positive Bedeutung im Sinne von „eigen Sinn und froher Mut". Mit der problematischen Verquickung von Medizin und Pädagogik bekam dann „Eigensinn" die Bedeutung, die wir noch heute kennen. Eigensinn, der stört, der schon frühzeitig mit körperlicher Gewalt, heute eher mit subtileren psychischen Methoden gebrochen oder sogar mit Medikamenten behandelt werden muss. Auf die positive Bedeutung des „Eigen-Sinns" macht Reinhard Voß aufmerksam, wenn er die Notwendigkeit beschreibt, den eigensinnigen Menschen – „der seine Sinne, seine Wahrnehmung, wie seinen Körper, seine Sexualität, aber auch seinen Zeitsinn, sein eigen nennen konnte, der selbständig dachte und handelte (auch gegenüber den Mächtigen in dieser Welt)" (Voß 1990, S. 13) wieder zu entdecken.

Auch wenn die Entwicklung eines kleinen Kindes liebevoll und mit Respekt und Akzeptanz begleitet wird, ist die Individuation, die Entwicklung des Ich oder des Selbst, ein höchst widersprüchlicher Prozess. Helm Stierlin spricht von der „Individuation mit den Eltern und Individuation gegen die Eltern" (Stierlin in Voß 1990, S. 63 ff.). Denn einerseits unterstützen Eltern die Autonomie-Entwicklung des Kindes, andererseits müssen sie aber auch die Grenzen und Regeln im Miteinander aufzeigen. Das Kind befindet sich in einer ähnlich schwierigen Situation: Es muss und will mit den Eltern kooperieren, aber gleichzeitig lernen, sich selbst zu behaupten und immer wieder erproben, wann, wo und wie viel es auf Abgrenzungskurs gehen kann und soll. Aber ob es dies lernt und ob es überhaupt gelingt, diese widersprüchlichen Tendenzen in Einklang zu bringen, hängt in großem Maße von der Unterstützung durch die Eltern oder andere frühe Bezugspersonen ab.

Anschaulich kommt dieser innere Widerstreit am Beispiel von „Hänschen klein" zum Ausdruck, der in Kooperation mit Mama und vielleicht auch Papa laufen gelernt hat. Darauf sind die Eltern stolz, vielleicht können die Nachbarskinder noch gar nicht so sicher laufen. Nun will Hänschen seine neu erworbenen Fähigkeiten voller Energie und Mut nutzen und allein in die Welt hinaus wandern. – Stock und Hut (vielleicht vom Papa?), nimmt der Junge mit und er ist ganz wohlgemut (und eigen Sinn). Aber auf einmal findet die Mama es gar nicht mehr gut, dass Hänschen schon so munter laufen kann und (allein) auf die Welt zugeht. Sie ist nun einsam und fängt an zu weinen, macht dem Hänschen vielleicht gar Schuldgefühle. Und …

> Da besinnt sich das Kind,
> läuft nach Haus geschwind.
> Lieb Mama, ich bin da,
> ruft das Hänschen – hopsassa!
> Glaube mir, ich bleib hier,
> geh nicht fort von dir.

In diesem Kinderlied ist nicht übermittelt, was mit Hänschens Neugier und frohem Mut später im Leben geschieht, ob es ihn nicht letztlich doch ärgert und wütend macht, nicht in die Welt gegangen zu sein, ob er es bei anderer Gelegenheit erneut versucht (vielleicht sogar mit Erlaubnis der Mama) oder ob er nun für immer daheim bleibt.

Einerseits unterstützen die Eltern die Autonomie-Entwicklung ihres Kindes, andererseits müssen sie Grenzen und Regeln aufzeigen. – Eine schwierige Situation für Eltern wie für Kinder.

1.2 Selbsterkennen und Selbstbewusstsein

Die Entwicklung der Autonomie geht einher mit der des Bewusstseins, eine eigenständige Person zu sein. In welchem Entwicklungsstadium hat das Kind ein Selbstempfinden und ein Bewusstsein von sich, also ein Selbst-Bewusstsein?

Bereits unmittelbar nach der Geburt besitzt der Säugling die Fähigkeit, zwischen sich und der Umwelt zu unterscheiden. Er ist in der Lage, aktiv Kontakt aufzunehmen, eine wechselseitige Kommunikation zwischen Eltern und Kind ist somit möglich. Damit ist das traditionelle Bild vom jungen Säugling, der nur auf Reize reagieren kann oder symbiotisch mit der Mutter verschmolzen ist, hinfällig.

Interessant im Zusammenhang mit der Entwicklung des Selbstbewusstseins sind Beobachtungen von Säuglingen und Kleinkindern vor einem Spiegel. In vielen Kindertagesstätten hängen vor allem durch die Einflüsse der Reggio-Pädagogik Spiegel, die von Kleinkindern oder Säuglingen zu erreichen sind. Was nimmt der Säugling im Spiegel wahr? Wie hängen Selbsterkennen und Bewusstheit vom Selbst miteinander zusammen?

Ein wenige Wochen alter Säugling, der auf dem Arm der Mutter in einen Spiegel schaut, findet es für eine Weile ganz interessant, ein freundliches Gesicht zu erblicken. Dann wendet er sich wieder anderen spannenden Dingen zu. Ein Bewusstsein davon, dass er selbst diese Person im Spiegel ist, hat er wahrscheinlich noch nicht. In der zweiten Hälfte des ersten Lebensjahres tritt eine Veränderung ein. Der Säugling „begrüßt" sein Spiegelbild freudig, lächelt es an, berührt sein Abbild und manchmal sucht er es hinter dem Spiegel. Vielleicht könnte es sich um einen Spielgefährten handeln, der genau so groß ist? Die freudige Begrüßung des Spiegelbildes bleibt noch viele Monate erhalten. Etwa ab dreizehn Monaten ist eine gewisse Ernüchterung zu beobachten. Das Interesse an Spiegel und Spiegelbild besteht zwar weiterhin, aber nun sind auch Zeichen von

Rückzug zu beobachten. Viele Kinder dieser Altersstufe vermeiden es ihr Gesicht anzuschauen, halten die Hände davor oder laufen weg. Etwas später, etwa ab fünfzehn Monaten, zeigen die Kinder vor dem Spiegel sogar Ansätze von Verlegenheit, einige blicken schüchtern mit gesenktem Kopf, erröten gar oder schneiden Grimassen und machen Faxen.

Eine Erklärung für dieses neue Verhalten (Vermeidungsverhalten oder Spiegelangst) besteht darin, dass das Kind nun ahnt: „Die Person im Spiegel bin vielleicht ich." Und das ist für ein Kind sehr verwirrend, sogar verunsichernd. Es fühlt sich einerseits körperlich vor dem Spiegel und andererseits – sozusagen gleichzeitig – gegenüber im Spiegel. Die Selbstwahrnehmung wird quasi verdoppelt (kinästhetisch und visuell) und das kann noch nicht begriffen werden, vermag sogar Angst auszulösen und führt daher oft zum Rückzug.

Eine entscheidende Wende in der Selbstwahrnehmung tritt mit etwa achtzehn Monaten ein. Um genauere Informationen über das Selbsterkennen im Spiegel zu erhalten, haben Wissenschaftler/innen in Experimenten die Nase oder Wange des Kleinkindes mit einem Farbtupfer angemalt. Auf dieser Altersstufe greifen sich die Kinder an die eigene Nase, um den Fleck zu entfernen. In den Monaten zuvor haben sie bei diesem Experiment entweder gar nicht auf den Fleck reagiert oder sie haben die Nase im Spiegelbild berührt (vgl. Dornes 2000, S. 180 ff.).

Hieraus wird gefolgert, dass das Kind nun die Person im Spiegelbild als die eigene Person erkennt. Es kann sich gewissermaßen aus der Außenperspektive, so wie mit den Augen eines Beobachters, betrachten und bekundet damit Selbstbewusstheit. Das Kind merkt: „Das bin ja ich!", ohne allerdings weiter darüber nachzudenken. „Ich gehe davon aus, dass ein Kind, das sich im Spiegel erkennt, über Selbstbewusstheit verfügt. Es hat dann von sich und seinem Körper nicht mehr nur ein (Selbst-) Gefühl (primäres Bewusstsein), sondern es wird ein Stück weit seiner Person gewahr (Bewusstsein höherer Ordnung)" (ebd., S. 181).

Man kann drei Stufen der Entwicklung des Bewusstseins beschreiben:

In den ersten sechzehn Monaten lebt das Kind in der Unmittelbarkeit seiner Empfindungen und Wahrnehmungen. Es spürt, ob es hungrig, traurig oder fröhlich ist oder bemerkt, dass andere Menschen anders aussehen, allerdings ohne sich seiner Wahrnehmungen bewusst zu werden.

Auf der nächsten Stufe werden sich die Kinder ihres „Selbst" bewusst, sie erkennen sich im Spiegel oder im Videofilm wieder und können sagen: „Das bin ich", d. h. sie werden sich ihrer Wahrnehmung bewusst.

Erst auf der dritten Stufe, etwa mit vier oder fünf Jahren, können die Kinder über ihre Wahrnehmungen, über sich selbst, über ihr Denken und Fühlen reflektieren, wie beispielsweise: „Ich habe lange Haare, aber meine Freundin hat ganz kurze, wie ein Junge. Lange Haare finde ich schöner." Oder: „Mein kleiner Bruder schreit, weil er gerade hingefallen ist. Als ich gestern mit dem Roller auf die Steine gefallen bin, hat mir das auch weh getan." – Ein innerer Dialog wird nun möglich, eine Form der Auseinandersetzung mit der Welt, die sich nun im Bewusstsein des Kindes immer weiter entwickelt. Auch der Rollenwechsel mit einer anderen Person und deren Empfindungen ist jetzt leistbar.

> Das Selbsterkennen des Kindes im Spiegel mit etwa 18 Monaten gilt als zuverlässiger Indikator für Selbstbewusstheit.

Die Fähigkeit des Kindes zum Selbsterkennen im Spiegel ist vor allem ein kognitiver Akt. Ein anderer Aspekt von Spiegelerfahrungen ist der Prozess des Spiegelns als mimische, gestische oder stimmliche Antwort der Eltern auf die Lebensäußerungen ihres Säuglings und Kleinkindes, ein vorwiegend emotionaler Akt. Das menschliche Gesicht als „biologischer Spiegel" verhält sich anders als der unbelebte Spiegel an der Wand, denn es reagiert auf die Verhaltensweisen des Kindes in mimischer oder sprachlicher Weise. Durch diese Form des Spiegelns bekommt das Kind ebenso wie der Erwachsene auch Informationen darüber, wie es von anderen Personen wahrgenommen wird. Oft wird vom „Glanz im Auge der Mutter" gesprochen, die voll Liebe ins Gesicht ihres Säuglings schaut, sich über seine Aktivitäten freut, ihn dadurch ermuntert und ermutigt und damit sein Selbstwertgefühl stärkt. Diese liebevolle, zugewandte Form des Spiegelns ist notwendig für die Entwicklung eines gesunden Selbstwertgefühls.

Interessant ist, dass viele unsicher gebundene kleine Kinder (vgl. S. 32 f.), die sich von ihrer Mutter bzw. vom Vater nicht hinreichend gesehen, angenommen und gespiegelt gefühlt haben, nicht gerne in den Spiegel schauen, ja sogar mitunter „Spiegelangst" zeigen. Wie eng die kindlichen Verhaltensweisen vor dem Spiegel mit negativen frühkindlichen Beziehungserfahrungen zusammenhängen, verdeutlichen Untersuchungen an misshandelten Kindern (vgl. Schneider-Rosen/Cichetti in Dornes 2000, S. 189). Beim Selbsterkennen im Spiegel reagieren sie überwiegend mit negativen oder neutralen Affekten, anders als eher wohlbehütete Kinder, die sich über ihr Spiegelbild freuen können. Man kann vermuten, dass diese Kinder vor allem ihr negatives Selbst im Spiegel erwarten und sich dieser neuerlichen Beeinträchtigung ihres Selbstwertgefühls gar nicht erst aussetzen wollen.

Sicherlich können die beschriebenen Beobachtungen und Erkenntnisse nicht auf alle Kinder mit einer schwierigen Beziehungsgeschichte übertragen werden, dennoch enthalten sie meines Erachtens wichtige Hinweise für unseren Umgang mit schwierigen Kindern im Kindergarten-Alltag. Ein „schwieriges", verhaltensauffälliges Kind erlebt in der Regel neben verbalen Vorwürfen auch im Gesichtsausdruck der Erzieher/innen Missbilligung und fühlt schnell eine Ablehnung seiner Person. Das ohnehin nicht gut entwickelte Selbstwertgefühl wird stets aufs neue beschädigt. – Was würde geschehen, wenn gerade diese be-

sonderen Kinder auch positiv gesehen werden können, wenn sie
sozusagen häufiger auch den „Glanz im Auge der Erzieherin"
spüren könnten?

> Die liebevolle, zugewandte Form des mütterlichen Spiegelns ist
> notwendig für die gesunde Entwicklung des Selbstwertgefühls.

1.3 Kinder brauchen Beziehung und Bindung

Das neugeborene Kind ist mit vielen Fähigkeiten ausgestattet,
die ihm bereits in den ersten Wochen und Monaten die aktive
Anpassung an seine Umwelt ermöglichen. In dieser Umwelt
sind die Eltern die wichtigsten Interaktionspartner, denn trotz
aller schon vorhandenen Fähigkeiten ist der Säugling auf deren
liebevolle Versorgung angewiesen. Zwar verfügt er über Möglichkeiten, seine Bedürfnisse zu äußern: Er kann lauthals schrei-
en, wenn er hungrig ist oder jammern, wenn die nasse Windel
unangenehm wird. Aber die Eltern müssen diese Signale feinfühlig wahrnehmen, deuten und entsprechend handeln.

Für dieses Mitfühlen und Miteinander-Agieren sind Eltern
und Säuglinge im allgemeinen gut ausgerüstet. Zum einen entwickelt sich das „Zusammenspiel" durch die Erfahrungen, die
Eltern und Kinder miteinander machen. Zum andern wird es
durch biologische Programme, die dem Säugling sofort nach
der Geburt zur Verfügung stehen, unterstützt. Auch die Eltern
verfügen über ein biologisches Programm zum Pflege- und Interaktionsverhalten mit ihrem Säugling, das ihnen hilft, dessen
Bedürfnisse intuitiv zu erkennen. Normalerweise wird darüber
sichergestellt, dass sowohl die Pflege des Säuglings als auch die
Interaktion zwischen Eltern und Kind von Anbeginn gut funktioniert (intuitive Elternschaft). Dieser biologisch determinierte
Prozess wird von beiden Seiten, Eltern und Säugling, reguliert

und sollte vor allem in den ersten vier bis fünf Monaten problemlos verlaufen.

Warum es dennoch so oft zu den missglückten Interaktionen und mangelhafter Pflege und Bedürfnisbefriedigung des Säuglings kommt, ist schwer zu beantworten. Eine Erklärung sieht Dornes darin „… dass die Programme auf einer oder auf beiden Seiten wegen genetischer oder sonstiger Anomalien gestört sind" (Dornes 2000, S. 23). Weitere Gründe können in der psychischen Bedürftigkeit der Eltern, in Alkohol- oder Drogenproblemen, Depressionen u. a. schwierigen Lebensumständen liegen.

Diese frühe Interaktion zwischen Eltern und Kind bezieht sich zum einen auf die Pflege- und Bedürfnisbefriedigung, ein anderer bedeutsamer Aspekt ist die Entwicklung von Vertrauen, Sicherheit und Geborgenheit durch die Beziehung zwischen dem Säugling und der vertrauten Bezugsperson.

Die Eltern sind für ihren Säugling die wichtigsten Interaktionspartner, sie ermöglichen die aktive Anpassung an die Umwelt.

1.3.1 Die Bedeutung von Bindungsverhalten

Lisa, zwölf Monate alt, ist zum ersten Mal auf Besuch bei einem befreundeten Paar ihrer Eltern. Die beiden Erwachsenen sind sehr freundlich zu ihr und die unbekannte Umgebung ist hochinteressant. Hier gibt es ganz andere Möbel, Pflanzen und Einrichtungsgegenstände als zu Hause, es riecht anders, es gibt unbekannte Geräusche und die fremden Menschen haben sogar einige Spielsachen auf den Boden gelegt, kurzum alles ist ziemlich aufregend und interessant.

Nachdem sich Lisa aus sicherer Basis auf dem Arm ihres Vaters in der fremden Umgebung genügend umgeschaut und ausreichend akklimatisiert hat, möchte sie auf ihre eigenen Füße gesetzt werden. Nach wenigen Augenblicken der Orientierung krabbelt das kleine Mädchen los, um den neuen Raum zu erkunden. In Windeseile ist Lisa vor der Kommode mit den großen Schlüsseln an den Schubladen angekommen, sie zieht sich hoch in den Stand und beginnt mit den Schlüsseln zu hantieren. Zwischendurch schaut sie zu den Eltern, sucht ihren Blickkontakt, nimmt das Lächeln und Zunicken der Mutter wahr und wendet sich dann wieder den Schlüsseln zu. Nach einer Weile krabbelt sie weiter und wendet sich neuen Gegenständen zu.

Zwischendurch nimmt Lisa immer wieder Blickkontakt mit den Eltern auf oder kehrt kurz zurück zu Vater oder Mutter, um sich zu vergewissern: „Seid ihr noch da? Seht ihr mich? Ist alles noch in Ordnung?" Lisa ist an diesem Tage besonders neugierig und mutig, sie hat viele neue Erfahrungen gesammelt und ihre Fähigkeiten erweitert. Zum Schluss kann sie es sogar akzeptieren, dass eine fremde Person, die Freundin der Eltern, direkten Kontakt mit ihr aufnimmt. Beide betrachten, eng nebeneinander sitzend, gemeinsam ein Bilderbuch.

Lisas neue Entwicklungsschritte wurden vor allem durch ihre sichere Bindung an die Eltern möglich. Deren Präsenz in der fremden Umgebung wirkte als „sicherer Hafen", der stets angelaufen werden kann, wenn die neuen Eindrücke nicht mehr angemessen zu verarbeiten sind, wenn sich Irritationen oder Gefühle von Verlassenheit einstellen. Mit dem Thema Bindung zwischen Säuglingen, Kleinkindern und ihren Eltern beschäftigen sich Fachleute bereits seit Jahrzehnten und es ist immer noch aktuell (vgl. Dornes 1998, Laewen u. a. 2000). Was ist darunter genau zu verstehen?

Von Geburt an zeigt der menschliche Säugling als Teil seines evolutionären Erbes Bindungsverhaltensweisen. In der Interaktion und (vorsprachlichen) Kommunikation mit der Umwelt lernt der Säugling, einzelne Personen zu unterscheiden und richtet seine Signale vorwiegend an die vertrauten Bezugspersonen. In der Regel sind dies Mutter oder Vater. Mit ihnen erweitert er sein Repertoire an Bindungsverhaltensweisen. Der Säugling lächelt beispielsweise, um Kontakt aufzunehmen, krabbelt zur Mutter und schmiegt sich an, um Zärtlichkeit und Geborgenheit zu spüren oder klammert sich an die Eltern, weint oder schreit, wenn er Stresssituationen erlebt, u. a. m. Ziel dieser spezifischen Verhaltensweisen ist es, Nähe und Sicherheit zu erlangen. Dazu ist die Verfügbarkeit der Eltern erforderlich. Eine neue Qualität erhält die Bindungsbeziehung gegen Ende des ersten Lebensjahres, wenn sich das Kind selbständig fortbewegen und aktiv in die Nähe der Bezugsperson begeben kann. Jetzt ist das Kind in der Lage, selbständig zwischen Nähe und Distanz zu wählen.

Aus der Art und Weise, wie sich die Interaktion und Beziehung zwischen Mutter oder Vater und Kind in dieser frühen Phase entwickelt, erwachsen qualitativ unterschiedliche Bindungsmuster, die am Ende des ersten Lebensjahres zu erkennen sind. Im Wesentlichen wird von sicher und unsicher gebundenen Kindern gesprochen. Begründer dieser „Bindungstheorie" ist John Bowlby (geb. 1907), ein englischer Psychoanalytiker und Kinderpsychotherapeut. Er interessierte sich bereits in den dreißiger Jahren des 20. Jahrhunderts für die Bindung zwischen Mutter und Säugling. Aus seinen Beobachtungen über die Art und Weise dieser Bindung leitete er wesentliche Erkenntnisse für die weitere kindliche Entwicklung ab. Eine noch intensivere Auseinandersetzung mit dieser Thematik ergab sich durch die dramatischen Ereignisse im Zweiten Weltkrieg, als viele Kinder von ihren Eltern getrennt und heimatlos wurden. Bowlby beschäftigte sich nun systematisch mit den Folgen der Trennung zwischen Mutter und Kind.[4]

---

[4] Weltweit bekannt wurde der Wissenschaftler 1951 durch seine Veröffentlichung „Mütterliche Fürsorge und seelische Gesundheit", eine Arbeit über die seelische Gesundheit heimatloser Kinder, die von der Weltgesundheitsbehörde in Auftrag gegeben wurde. Bowlby beschrieb die negativen Auswir-

Ein Instrumentarium zur Erforschung unterschiedlicher Bindungsmuster lieferte die kanadische Kinderpsychologin Mary Ainsworth (geb. 1913), die zeitweilig in England mit Bowlby zusammenarbeitete. Anhand von gezielten Beobachtungen des Verhaltens kleiner Kinder in der Familie sowie in einer fremden Situation (Fremde-Situations-Test) konnten unterschiedliche Bindungsbeziehungen empirisch ermittelt werden. Ainsworth ging ähnlich wie John Bowlby von der Prämisse aus, dass Säuglinge und Kleinkinder zunächst Vertrauen und Sicherheit in der Beziehung zu den Eltern entwickeln und erfahren müssen, bevor sie sich in unbekannte Situationen begeben und dort allein zurecht kommen können.

1.3.2 Unterschiedliche Bindungsmuster

In den fünfziger Jahren des 20. Jahrhunderts ermittelten Bowlby und seine Kolleg/innen Kategorien von Bindungsverhalten, die bis heute in der Fachöffentlichkeit ihre Gültigkeit behalten haben. Folgende Bindungsmuster lassen sich unterscheiden[5]:

■ Sicher gebundene Kinder
Kinder mit einer sicheren Bindung suchen bei Stress oder anderen Belastungen den Kontakt und die Nähe zur Bezugsperson (der Einfachheit halber nenne ich sie im folgenden Mutter). Werden sie allein gelassen, zeigen sie zunächst kaum Kummer,

---

kungen auf die Entwicklung des Kindes bei langandauernder Trennung zwischen Mutter und Kind, wenn keine andere verlässliche Bezugsperson zur Verfügung steht. Im weiteren Verlauf interessierte sich Bowlby für die Qualität der Mutter-Kind-Bindung.

[5] Die Fachliteratur differenziert die folgenden drei beschriebenen Bindungsmuster noch in weitere Untergruppen, um das Bindungsverhalten noch präziser zu unterscheiden. Für Verhaltensbeobachtungen in Kindereinrichtungen sind diese Differenzierungen jedoch unerheblich.

da sie darauf vertrauen, dass die Mutter erscheint, wenn sie benötigt wird. Kehrt die sie allerdings nicht alsbald zurück, zeigen die Kinder in ihrem Verhalten deutlich, dass sie die Mutter vermissen, sie suchen nach ihr, weinen oder schreien lauthals.[6] Einer fremden Person gelingt es in dieser Situation nicht, das kleine Kind zu beruhigen und zu trösten. Kommt die Mutter in den Raum zurück, wird sie freudig begrüßt. Die Kinder wollen auf den Arm, entspannen sich dort, wirken erleichtert und andere Dinge werden für einige Zeit unwichtig.

Bei unsicher gebundenen Kindern unterscheidet man zwischen zwei Bindungsmustern:

■ Vermeidend-unsicher gebundene Kinder
Kinder mit einem vermeidend-unsicherem Bindungsmuster zeigen beim Weggehen der Mutter kaum Kummer in Körperhaltung und Gesichtsausdruck. Fremde Menschen, die sich in dieser Situation nähern, behandeln sie ähnlich wie ihre Bezugsperson. Kehrt die Mutter zurück, so wird die Veränderung der Situation ignoriert oder allenfalls durch beiläufige Kontaktaufnahme zur Kenntnis genommen. Manche Kinder wenden sich sogar ab, sie scheinen die Nähe zur Mutter nicht zu suchen. Sie lassen sich zwar bereitwillig von der Mutter auf den Arm nehmen, schmiegen sich jedoch nicht an und entspannen sich auch nicht auf dem Arm.

■ Ambivalent-unsicher gebundene Kinder
Kinder mit einer ambivalent-unsicheren Bindung äußern ihren Kummer beim Fortgehen der Mutter deutlich und lautstark. Teilweise reagieren sie regelrecht wütend und aggressiv. Kehrt die Mutter ins Zimmer zurück, zeigen sie ambivalente Verhal-

---

[6] Im Testverfahren wurde die Situation u. a. so gestaltet, dass die Mutter für einige Zeit den Raum verlässt und eine fremde Person zum Kind tritt und mit ihm spielen will.

tensweisen. Sie suchen einerseits den Kontakt und lassen sich auf den Arm nehmen. Andererseits drücken sie aber auch Widerstreben aus und wollen wieder vom Arm herunter oder laufen fort und kommen dann wieder zurück zur Mutter.

Die wesentliche Voraussetzung für eine sichere Bindung ist die „Feinfühligkeit" der Bezugsperson im ersten Lebensjahr: In welcher Weise können sich Eltern in die seelischen Zustände ihres Kindes hineinversetzen und dieses Einfühlen in körperliche Handlungen zur Bedürfnisbefriedigung und in Interaktion umsetzen? Welche Fantasien haben Eltern über die Wünsche, Bedürfnisse und Aktivitäten ihrer Kinder? Schreit der Säugling gerade, weil er müde ist, Hunger hat, sich verlassen fühlt oder weil er sowieso immer nörgelig und unzufrieden ist?

Interessant in diesem Zusammenhang sind Berichte aus der Zwillingsforschung (vgl. Dornes 2000, S. 81). Hier wird z. B. von einem unterschiedlichem Bindungsverhalten von Zwillingen und ihrer Mutter berichtet. Der eine Zwilling zeigt ein sicher gebundenes, sein Bruder ein unsicher gebundenes Bindungsverhalten. Bindungstheoretiker/innen erklären heute dieses Phänomen zum einen mit unterschiedlichen Temperamenten oder „inneren Merkmalen" der Kinder, zum anderen mit einer von Beginn an unterschiedlichen „Feinfühligkeit" der Mutter gegenüber ihren beiden Söhnen. So verlief in dem beschriebenen Fall die Geburt des ersten Zwillings vollkommen unproblematisch und als freudiges Ereignis für die Mutter, während die Geburt des zweiten Kindes ein paar Minuten später mit Komplikationen, tiefen Ängsten und großen Schmerzen verbunden war. Der emotionale Austausch, der Körperkontakt, die Fantasien über die Söhne, die Einfühlung der Mutter in die beiden kleinen Personen und die Befriedigung der vermuteten Bedürfnisse fanden daraufhin auf unterschiedliche Weise statt. Als Folge ergab sich eine unterschiedliche Qualität der Bindung, die von der Mutter sicherlich nicht bewusst beabsichtigt wurde.

Zusammenfassend kann man sagen, dass sicher gebundene

Kinder ihre Mutter in der Säuglingszeit als verlässlich, freundlich, liebevoll und zugewandt erlebt haben. Die Bedürfnisse nach Zuwendung, Sicherheit und Geborgenheit wurden feinfühlig befriedigt. Das Bild von der „guten" Mutter kann jedoch irritiert werden, wenn sich deren Lebensumstände dramatisch verändern, z. B. durch Scheidung oder Tod des Mannes. Aufgrund von eigenen Sorgen und Kummer ist die Mutter möglicherweise nicht immer in der Lage, ihr Kind feinfühlig zu versorgen und dies kann Auswirkungen auf die zuvor sichere Bindung haben.

Vermeidend-unsicher gebundene Kinder haben erfahren, dass auf ihre Bedürfnisse und Nöte selten angemessen eingegangen wurde und/oder die Mutter oft ungehalten reagierte. Sie haben frühzeitig gelernt, in problematischen Situationen von der Bezugsperson nicht viel Halt und Sicherheit erwarten zu können.

Für ambivalent-unsicher gebundene Kinder ist die Zuwendung und Unterstützung der Bezugsperson nicht berechenbar. Zu gewissen Zeiten kann die Mutter sehr zugewandt und übermäßig besorgt sein, zu anderen Zeiten aber nicht ansprechbar oder nicht wirklich verfügbar, obwohl sie im Raum anwesend ist.

Die unsichere Bindung eines Kindes ist in der Regel nicht das Ergebnis einer Traumatisierung im ersten Lebensjahr, sondern vielmehr der Niederschlag alltäglicher Erfahrungen von Nichtbeachtung oder mangelnder Feinfühligkeit im Erkennen der Bedürfnisse des Kindes. Das unsichere Bindungsverhalten kann zwar nicht als psychopathologisch bezeichnet werden, aber es gilt als ein Risikofaktor, der die Wahrscheinlichkeit von Entwicklungsstörungen oder psychischen Erkrankungen erhöht.

Die wesentliche Voraussetzung für eine sichere Bindung ist die Feinfühligkeit der Bezugspersonen im ersten Lebensjahr, die Art und Weise, wie sie sich in die körperlichen und seelischen Zustände des Säuglings einfühlen und angemessen reagieren können.

1.3.3 Bindungsverhalten in Umbruchphasen – die Eingewöhnungszeit in der Kindertagesstätte

Kinder sind neugierig und eine neue Umgebung ist für sie interessant, es gibt viel zu entdecken und zu lernen. Allerdings kann eine Vielzahl neuer, fremder Eindrücke auch verunsichern und sogar Angst erzeugen. Eine besondere Herausforderung ist in diesem Zusammenhang der Übergang von der Familie in eine Krippe oder eine Kindertagesstätte. Nicht nur die räumliche Umgebung ist fremd, sondern auch die Geräusche und Gerüche, das Spielzeug sind unbekannt und muss mit anderen Kindern geteilt werden. Der Tagesablauf ist anders strukturiert als zu Hause und Kinder wie Erwachsene, mit denen es nun konfrontiert ist, sind weitgehend fremd. Für viele Stunden am Tage soll das Kind nun von den Eltern getrennt an diesem ungewohnten Leben teilhaben. Aus diesen Gründen ist eine feinfühlige Eingewöhnungszeit in die neue kindliche Lebenswelt sehr bedeutsam.

Seit vielen Jahren gibt es Eingewöhnungskonzepte, die sich an den Erkenntnissen der Bindungstheorie orientieren (z. B. Laewen u. a. 2000). Dabei wird das Kind in der Eingewöhnungszeit, die etwa ein bis vier Wochen andauert, kontinuierlich von einer vertrauten Bezugsperson begleitet. In der Regel ist dies die Mutter, gelegentlich der Vater, manchmal die Oma oder eine andere Person. In jedem Fall sollte es jemand sein, der eine verlässliche und liebevolle Beziehung zum Kind entwickelt hat.

Diese Bindungsperson gibt Rückhalt, bietet Sicherheit in der fremden Umgebung und ermöglicht es dem kleinen Kind, sich allmählich in die neue Situation hinein zu begeben. Sie trennt sich, abhängig vom Eingewöhnungskonzept der Einrichtung und den individuellen Bedürfnissen des Kindes, für kurze, später längere Zeit von ihrem Kind, ist jedoch in Notsituationen, in denen die Pädagog/innen das Kind noch nicht beruhigen können, sofort wieder verfügbar. Aus dem Interaktionsverhalten zwischen Mutter und Kind kann die Erzieherin in der Eingewöhnungsphase einen ersten Eindruck über die Bindungsqualität gewinnen.

Wie behutsam diese ersten Begegnungen zwischen Kindern und Pädagog/innen gestaltet werden müssen beschreibt Anni Söntgerath (in: Laewen u. a. 2000) in ihren Fragen, die am Anfang des gemeinsamen Weges folgendermaßen formuliert werden können:

„Kind zur Erzieherin:
– Wirst du mir Zeit lassen, dich kennen zu lernen?
– Wirst du mich beschützen und unterstützen?
– Wirst du mich trösten, wenn ich traurig bin?
– Wirst du meine Mutter / meinen Vater mögen?" (Ebd. S. 21)
„Erzieherin zum Kind:
– Wirst du leicht Zugang zu mir finden?
– Werde ich deine Signale verstehen und herausfinden können, was ganz Besonderes du brauchst?
– Wirst du mit den anderen Kindern zurecht kommen?
– Wirst du dich hier gut einfinden?" (Ebd., S. 49)

In meinen Beratungsgesprächen mit Erzieher/innen, die Unterstützung für den Umgang mit ihren schwierigen Kindern suchen, reflektieren wir oft die Eingewöhnungszeit. Viele Male stellt sich rückblickend heraus, dass diese Phase problematisch war, nicht kontinuierlich verlief und aus unterschiedlichen Gründen Störungen im Ablauf enthielt. Eigentlich hat das Kind nach Monaten noch kein richtiges Vertrauen zur Erzieherin und in die neue Situation entwickeln können. Die Konsequenz daraus ist: zurück zum Anfang und eine neue Form der Bindungsgestaltung entwickeln.

Manchmal sind Eingewöhnungsschwierigkeiten des Kindes auch auf das Verhalten der Eltern zurückzuführen. Für viele Mütter oder auch Väter ist diese erste Trennung von ihrem Kind, insbesondere wenn es ihr erstes oder einziges ist, von ambivalenten Gefühlen begleitet. Einerseits befürworten sie den Schritt zum selbständigen Leben und Lernen ihres Sprösslings in einer Kindergemeinschaft, andererseits sind sie besorgt, ob diese Trennung schon bewältigt werden kann (von beiden Seiten) oder ob nun womöglich andere Menschen wichtiger werden als sie selbst.

„Mutter/ Vater zum Kind:
— Wirst du ohne mich zurecht kommen?
— Wirst du mich vermissen?
— Wirst du die Erzieherin vielleicht lieber mögen?
— Wird es dir hier gut gehen?" (Ebd., S. 33)

Auch die „neuen" Eltern brauchen das Gefühl, in der Kita willkommen und in der Kindererziehung wichtig zu sein. Die Eingewöhnungszeit mit Eltern bietet daher gute Möglichkeiten zur Begegnung zwischen Eltern und Pädagog/innen, hier kann die Basis für eine vertrauensvolle Erziehungspartnerschaft bereitet werden.

Die Eingewöhnung ist in der Regel abgeschlossen, wenn das Kind seine Erzieherin als Vertrauensperson anerkennt und sich in Belastungssituationen und bei Kummer dauerhaft beruhigen und trösten lässt. Nun hat das Kind genügend Sicherheit, um mit Freude und Neugier das Leben in dieser neuen Welt zu erkunden und daran teilzuhaben.

Mutter oder Vater bieten in der Eingewöhnungsphase die sichere Basis, die ihr Kind für den Schritt in die neue Lebenswelt des Kindergartens benötigt.

1.4 Kinder wollen wirksam sein

Motor der menschlichen Entwicklung und Kriterium für die psychische Gesundheit sind Geborgenheit, soziale Akzeptanz und Selbstwirksamkeitserleben. Die Überzeugung und das Erleben, etwas bewirken zu können, etwas fertig zu bekommen, hat allerhöchste Bedeutung für die Lebensqualität und den Lebensverlauf – übrigens in jeder Altersstufe. Gerade die Ergebnisse der Altersforschung machen deutlich, wie sehr das mangelhafte Selbstwirksamkeitserleben vieler alter Menschen zu geringem Lebenswillen und zu physischen und psychischen Erkrankungen führen kann.

Fachleute vertreten die These, dass die Freude am „Selbermachen" und am „Es-sich-und-allen-anderen-zeigen" dem Menschen in die Wiege gelegt ist (vgl. Sturzbecher 2002). Schon der wenige Tage alte Säugling sammelt lustvoll seine Funktionserfahrungen und versucht, sein Verhalten zu optimieren, z. B. beim Trinken an der Brust der Mutter, indem er seine Mundstellung an die Brustwarze anpasst. Zweijährige wollen am liebsten alles selber machen. Falls Eltern oder Erzieher/innen ungefragt Hilfestellung leisten, hören sie oft ein entrüstetes „Alleine!"

Die kindlichen Aktivitäten, ihre Neugier und ihr Mut werden durch die Wahrnehmung des Erfolgs, also der eigenen Wirksamkeit angespornt. Das steigert ihren Aktivitätsdrang und bewirkt eine Zunahme von Erfahrungen und Fähigkeiten sowie die Erhöhung von sozialer Akzeptanz und Selbstwirksamkeitserleben. Fünfjährige Kinder besitzen schon ein „Tüchtigkeitskonzept" (ebd., S. 2), sie haben gelernt, dass Erfolg Anstrengung voraussetzt. Durch positive und „moderate" negative Erfahrungen lernen sie außerdem, mit Misserfolgen umzugehen. Am Ende der Grundschulzeit verfügt das Kind über ein hinreichend differenziertes Konzept der Selbstwirksamkeit in bestimmten Lebens- und Leistungsbereichen. Es weiß dann beispielsweise, was es in Deutsch oder Sport „drauf" hat und im Unterricht bewirken kann oder mit welchem Verhalten es bei den Großeltern oder in der Clique etwas zu erreichen vermag.

Aktives Zugehen auf die Welt, das Erproben eigener Fähigkeiten und der Handlungswirksamkeit setzen ein gewisses Maß an Risikobereitschaft voraus. Ein Kleinkind, das sich auf eine stabile emotionale Bindung im Elternhaus stützen kann, wird bei seinen Unternehmungen mutiger sein und sich dadurch seine Umwelt erfolgreicher aneignen. Es wird dementsprechend häufiger für Aktivitäten und neue Entwicklungsschritte gelobt als zurückhaltendere und erfolglosere Kinder. Wir können somit festhalten, dass Risikoverhalten im allgemeinen das Lernen und die Selbsterfahrung fördert und dem Kind zusätzlich viele Chancen zur Selbstwerterhöhung bietet.

Wer ein Bewusstsein über seine Fähigkeiten hat, kann sein Selbstvertrauen entwickeln und stärken. Das Kind wird sich immer wieder in neue, unbekannte Lernsituationen begeben und beginnt dabei auch, eine gewisse Stresstoleranz zu entwickeln. Denn bei seinen vielfältigen Aktivitäten sind Misserfolge sowie Grenzsetzungen durch den Erwachsenen unvermeidlich. Ein Kind mit sicherer Bindung lässt sich durch solche Widerstände nicht entmutigen, sondern entwickelt dadurch ein Bewusstsein für die Grenzen seiner eigenen Wirksamkeit. Je nach Alter kann es nach Fehlern seines Handelns suchen und sich Kompetenzdefizite oder eine falsche Selbsteinschätzung bewusst machen. Bei diesem wichtigen Prozess auf dem Wege zur erfolgreichen Lebensbewältigung ist die liebevolle Unterstützung durch Eltern und Pädagog/innen notwendig.

Viele Kinder erleben allerdings, dass Eltern oder frühe Bezugspersonen ihre individuellen kreativen Fähigkeiten und Möglichkeiten nicht wahrnehmen (können) oder nicht ernst nehmen. Wenn Eltern ihre Kinder stets mit anderen vergleichen, sie geltenden Normen anzupassen versuchen oder möglicherweise ständig entwerten, ist es absehbar, dass sich diese Kinder zurückziehen, passiv werden, unsicher ob ihrer eigenen Kräfte und Fähigkeiten sind, sich nichts mehr zutrauen. Daher geht es auch im Kindergartenalltag darum, Kinder zu ermutigen, Neues und möglicherweise auch Schwieriges auszuprobieren, Erfolge zu bestätigen und bei Misserfolgen eine differenzierte Motivationsunterstützung für das weitere Handeln zu leisten. Hierzu ein Beispiel:

Mirko ist fünf Jahre alt und seit eineinhalb Jahren in einer Kindertagsstätte. Mirkos Handicaps sind seine hochgradige Sehbehinderung und Schwierigkeiten in der Körperkoordination. Um Unfälle und zerbrochene Teller zu vermeiden, hatte die Mutter viele frühkindliche Aktivitäten ihres Sohnes unterbunden und viele Dinge „für ihn" erledigt. Sein Selbstwirksamkeitserleben war daher ausgesprochen gering.

In die Kindergruppe konnte sich Mirko schnell einleben, er besucht die Kita gern. Allerdings beteiligte er sich zunächst wenig an Aktivitäten der Kinder und verhielt sich insgesamt sehr passiv. Seit einigen Monaten wächst sein Zutrauen in seine eigenen Fähigkeiten, die Erzieher/innen unterstützen ihn geduldig und liebevoll. Bei Misserfolgen ist er jedoch noch immer schnell entmutigt und zeigt dann oft Rückzugstendenzen.

Kürzlich wollte Mirko eine Tasse aus der Küche holen, um der Erzieherin eine Arbeit abzunehmen. Mirko erledigt diese kleinen Sachen sehr gerne für die Erzieher/innen, denn alle bedanken sich dann bei ihm und er kann zeigen, was er schon kann. Auf dem Rückweg fiel ihm die Tasse leider aus der Hand und der Henkel brach ab. Im Gegensatz zu anderen Kindern, die so einen kleinen Ausrutscher nicht so tragisch nehmen, war Mirko tief betrübt und versteckte sich in der Garderobe.

Die Erzieherin entdeckte den Jungen auf der kleinen Garderobenbank, Gesicht und Oberkörper von einer Jacke verdeckt, vor den Beinen hielt er einen aufgespannten, grellbunten Regenschirm. Es war ein ergreifendes Bild. Mirko brachte seine

ambivalenten Gefühle sehr anschaulich zum Ausdruck: einerseits Rückzug in einen entfernten Winkel, um nicht gesehen zu werden, vielleicht auch Scham, wieder einmal etwas nicht geschafft zu haben, andererseits schrill auf sich aufmerksam machend, mit dem Wunsch nach Trost in seinem Kummer. – Wie kommt man aber aus dieser Zwickmühle heraus?
Die Erzieherin lachte herzlich, als sie den Jungen entdeckte und sagte: „Du bist ja fast unsichtbar, Mirko, so ein tolles Versteck hast du gefunden!" – Hinter der Jacke schaute ein Gesicht hervor, dass sich zusehend entspannte und bald lächelte. „Nun erzähl mir doch mal, was passiert ist." Bereitwillig zeigte Mirko die zerbrochene Tasse. Die Frage, ob er den Henkel mit einem Porzellankleber wieder reparieren wolle, erlöste den Jungen vollends aus seinem Kummer.

Mirko hatte an diesem Tage nicht nur gelernt, etwas zu reparieren und somit etwas zu bewirken, sondern auch eine neue Möglichkeit entdeckt, mit einem Misserfolg umzugehen.

1.5 Resümee

In diesen ersten drei, vier Lebensjahren hat das kleine Kind in rasantem Tempo die wichtigsten Entwicklungsschritte auf dem Weg zu einer selbstständigen und selbstbewussten Persönlichkeit zurückgelegt. Es ist nun in der Lage, mit allen Sinnen wahrzunehmen, zu gehen, rennen, rangeln, sprechen, singen und am Geschehen in seiner Umwelt aktiv teil zu nehmen. Es kann seine Gefühle und Bedürfnisse differenziert zum Ausdruck bringen, mit Erwachsenen streiten, mit Kindern zusammen spielen, seine Wirksamkeit erproben, neue Menschen und Räume erobern u. v. m. Es hat erste Frustrationen und andere Schwierigkeiten kennen gelernt und mit Hilfe von liebevollen Bezugspersonen bewältigen können. Sicherheit und Geborgenheit, die Kinder in der Beziehung zu den Eltern und anderen verlässlichen Bindungspersonen spüren, sind ein wichtiges Fundament für diese sowie alle weiteren Entwicklungsschritte der Kinder.

Kinder bei diesen Schritten zu begleiten, sie auf ihrem Weg in die Unabhängigkeit und bei der Entwicklung ihres Selbstbewusstseins zu unterstützen, ihnen dafür eine sichere und stabile Beziehung zu bieten und ihnen vielfältige Erfahrungen ihrer Selbstwirksamkeit zu ermöglichen, gehört zu grundlegenden Aufgaben von Erzieher/innen. Unter dieser Voraussetzung können Kinder genügend Selbstbewusstsein entwickeln, um ihre Entwicklungsaufgaben erfolgreich zu bewältigen. Diese Sichtweise gilt es auch im Elterngespräch immer wieder zu vermitteln, denn auch die Eltern tragen einen entscheidenden Anteil bei der Bewältigung dieser Entwicklungsprozesse.

In der Realität finden Kinder natürlich nicht immer optimale Bedingungen für ihre Entwicklung vor, die Ursachen dafür liegen in verschiedenen Bereichen, die noch zur Sprache kommen werden. Diese Kinder entwickeln häufig Symptome, die wir als „Verhaltensauffälligkeiten" oder „Störungen" bezeichnen, und die die alltägliche Praxis in der Kindertagesstätte erheblich erschweren können.

2 Schwierige Kinder – Kinder in Schwierigkeiten

Kinder scheinen immer schwieriger zu werden. Beklagt wird, dass sie zu laut, zu aktiv (hyperaktiv), nicht aufmerksam, zu still, zu passiv, zu aggressiv, zu teuer sind. Und man diagnostiziert Wahrnehmungsauffälligkeiten, Sprachstörungen, übermäßige Ängste, Bewegungsdefizite oder Übergewicht. Eltern, Pädagog/innen und andere Fachleute könnten diese Auflistung noch weiter ergänzen. Doch eigentlich wollen und sollen unsere Kinder mit ihren ureigenen aktiven Kräften auf die Welt zugehen, sie entdecken, erobern und darin ihren Platz finden. Wir möchten, dass sie einmal verantwortungsbewusste Mitglieder der Gesellschaft werden. Denn Kinder sind die Zukunft einer Gesellschaft!

Worin liegen die Ursachen für die zunehmenden Probleme? Sind die Entwicklungsbedingungen für Kinder so schwierig geworden oder ist die Pädagogik in eine Sackgasse geraten? Müssen die Erwachsenen einen neuen Zugang zum gemeinsamen Leben mit Kindern finden? Und was bedeutet überhaupt die Zuschreibung „schwieriges Kind“? Für wen ist das Kind schwierig? Für Eltern, Nachbarn, Erzieher/innen, Lehrer/innen oder Spielgefährten? Sind Kinder und deren Lebensäußerungen generell für die Gesellschaft schwierig? Empfindet das Kind sich selbst als schwierig? Was genau ist schwierig und wo liegt der Maßstab für diese Bewertung?

Fortbildungswünsche zum Thema „schwierige Kinder“, insbesondere zu Aufmerksamkeitsstörungen, Hyperaktivität, aggressivem Verhalten oder Sprachauffälligkeiten stehen bei Erzieher/innen ganz oben auf der Liste. Dies zeigt, dass sie sich sorgen und nach Hilfestellungen und Lösungen suchen. Allerdings steht dabei meist das auffällige Kind im Mittelpunkt der Diskussion und auch der pädagogischen Maßnahmen. Jedes Kind befindet sich jedoch in einem dynamischen Interaktionsprozess im engen Beziehungsgeflecht seiner Familie und im Weiteren mit seinem sozialen Umfeld. Daher ist es selten erfolgreich, nur das sichtbare Verhalten des Kindes zu betrachten und hier nach Wegen zur Veränderung zu suchen. Der gesamte Lebenszusammenhang des Kindes gibt uns Hinweise, um die Botschaften entschlüsseln zu können, die sich hinter vielen Auffälligkeiten verbergen. Manchmal werden wir dann auch erkennen, dass das schwierige, nicht konforme Verhalten des Kindes eine aktive, wenn nicht sogar kreative Möglichkeit ist, unter entwicklungshemmenden Lebensbedingungen zu bestehen.

Unsere Welt und damit auch die der Kinder hat sich verändert. Damit meine ich nicht, dass früher alles besser war. Aber das rasante Tempo der gesellschaftlichen und technischen Veränderungen macht viele Erwachsene atemlos. Sie stehen unter Hochspannung, sozusagen im Dauerstress, um den Anschluss im Berufsleben und anderen gesellschaftlichen Bereichen behalten zu können. Andere Erwachsene hingegen haben den Anschluss längst verpasst. In manchen Straßenzügen in Berlin (und sicher auch andernorts) ist es üblich, dass morgens nur noch die Kinder aufstehen, um in die Kita oder die Schule zu gehen. Die Eltern sind oftmals arbeitslos oder Sozialhilfeempfänger/innen und haben manchmal weder ein Ziel für den Tag noch für die nächsten Jahre. Diese familiären Belastungen bleiben nicht ohne Auswirkungen auf die Kinder. Daraus ergeben sich für die Pädagogik neue Fragen:

- Was brauchen Kinder, die schwerwiegenden familiären Belastungen ausgesetzt sind?
- Was können Eltern ihren Kindern auf den Lebensweg mitgeben?
- Wie können Eltern unterstützt werden?
- Welche Verantwortung hat die Gesellschaft?

■ Welchen Stellenwert bekommt die Kindertagesstätte im Leben der Familien?

Einige dieser Fragen werden im Folgenden erörtert. Beginnen möchte ich aber mit der Geschichte von einem ganz besonderen Kind, dem Michel aus Lönneberga, vor vielen Jahren von Astrid Lindgren für alle „schwierigen" Kinder der Welt geschrieben.[7]

> In einer Welt, die in rasantem Tempo vorwärts strebt, finden Kinder in ihrem sozialen Umfeld oft wenig Halt und Orientierungspunkte. Das kann dazu führen, dass sie in ihrer Entwicklung beeinträchtigt werden.

2.1 Michel aus Lönneberga – ein schwieriges Kind?

Der „Michel aus Lönneberga", von dem Astrid Lindgren in dem gleichnamigen Buch erzählt, ist ein ganz besonderes Kind, man könnte sogar sagen: ein schwieriges Kind. Die Autorin wollte mit diesem Werk kein Fachbuch für Eltern und Pädagog/innen schreiben, sondern eine einfühlsame Geschichte, in der sich viele Kinder wiederfinden können. Dennoch denke ich, dass dieses Kinderbuch uns Erwachsenen eine andere Sicht auf Kinder vermitteln kann.

> „Ja, dieser Michel aus Lönneberga, das war ein kleiner Lausejunge, nicht halb so artig wie du. Aber seine Mama hatte ihn trotzdem lieb. ‚Michel ist ein netter kleiner Junge', sagte sie."
> Michel lebte zusammen mit Vater, Mutter und kleiner Schwester auf einem Bauernhof in Lönneberga, einem kleinen Dorf in Schweden. Der Knecht Alfred mochte Michel gern, aber die Magd Lina konnte den Jungen nicht besonders

---

[7] Astrid Lindgren (1973): Michel aus Lönneberga.

gut leiden. „Ojemine, was für ein Kind!" sagte Lina immer und immer wieder. „So einen Bengel wie den habe ich noch nie gesehen!" Michel machte fast jeden Tag Unfug, und Lina musste immer wieder schimpfen: „Ojemine, was für ein Kind!"

Wenn Michel es gar zu toll trieb, schickte ihn der Vater in den Tischlerschuppen, und hier vertrieb sich Michel die Zeit damit, dass er kleine Holzmännchen schnitzte. „Aber er brauchte nie so besonders lange dort zu bleiben. ‚Nur bis du ordentlich über deinen Unfug nachgedacht hast', sagte Papa immer. ‚Damit du es nicht noch einmal tust.' Und Michel war wirklich folgsam. Er machte nämlich nie denselben Unfug zweimal, sondern dachte sich immer etwas Neues aus." Manchmal rannte Michel, um Ärger und Strafe zu entgehen, auch freiwillig in den Schuppen und nahm sich sozusagen selber eine „Auszeit".

Als Michel alt genug war, um in die Schule zu gehen, sagte die Magd Lina: „Der schmeißt sicher das Schulhaus um und zündet die Lehrerin an." Sie konnte sich nicht vorstellen, dass es eine Schule gab, in der man einen Bengel wie Michel behalten wollte. „Doch Lina hatte sich geirrt, denn Michel machte in der Schule gar nicht so viel Unfug und wurde sogar ein ziemlich guter Schüler. Trotzdem gab es weiterhin genügend Anlässe, dass Michel in seinem Tischlerschuppen verschwinden musste. „Jedesmal, wenn er im Tischlerschuppen saß, schnitzte er ein lustiges Holzmännchen, das er ins Regal stellte. Es wurden mehr und mehr im Regal, und schließlich hatte er 369 Stück. Das ist nicht schlecht, nicht wahr? ‚Ojemine, was für ein Kind', sagte Lina jedes Mal, wenn sie die Holzmännchen sah." Michel stellte noch etlichen Unfug an, viele Mitmenschen schimpften über ihn, aber einige erfreuten sich auch an dem Jungen wie z. B. seine kleine Schwester, der Knecht Alfred und manchmal sogar die Lehrerin.

Die Geschichte endet folgendermaßen: „Aber später ist aus Michel doch noch ein guter Kerl geworden. Da sieht man, dass auch aus den schlimmsten Kindern im Verlaufe der Zeit noch etwas Rechtes werden kann. Ist das nicht ein schöner Gedanke?"

In unnachahmlicher Weise hat mir Astrid Lindgren diesen Lausebengel nahe gebracht. Ohne moralisch erhobenen Zeigefinger schildert sie das Durcheinander und den Ärger, den Michel oft verursacht, übersieht dabei aber auch nicht die Energie, die Kreativität und das Liebenswerte des kleinen Kerls. Kinder sind von dieser Geschichte begeistert und Eltern wie Fachleute erhalten wichtige Hinweise für den Umgang mit „schwierigen" Kindern.

Was würde heutzutage, vor allem unter den Bedingungen des Lebens in einer Großstadt, mit Michel passieren? Welche Entwicklungschancen hätte er? Ich bin sicher, dass er als „schwieriges Kind" bezeichnet und behandelt werden würde. Vielleicht bekäme er den Status „hyperaktiv" oder „ADHS", dazu eine Menge Therapien und zur Besserung seines Verhaltens möglicherweise Ritalin verabreicht. Der Michel aus Lindgrens Geschichte hatte Glück, denn für ihn gab es Rahmenbedingungen, die unsere schwierigen Kinder heute nur noch selten vorfinden:

- ein Leben in der überschaubaren sozialen Gemeinschaft eines Dorfes,
- genügend Raum und Freiheit für sein kindliches Bewegungsbedürfnis,
- eine intakte Familie, die ihm Zugehörigkeitsgefühl vermittelt
- eine Mutter, die ihn lieb hat, so wie er ist,
- Eltern, die ihm Grenzen aufzeigen, ohne ihn als Persönlichkeit abzuwerten,
- verfügbare männliche Vorbilder, zur Orientierung in seiner Identitätsentwicklung,
- eine akzeptable Möglichkeit zu fremd- und selbstbestimmter „Auszeit" in besonders schwierigen Situationen (Tischlerschuppen),

- Gelegenheit zu kreativem Handeln in dieser „Auszeit"
- die feste Überzeugung aller wichtigen Bezugspersonen (eingeschlossen auch der Lehrerin), dass Michel trotz allem ein netter Kerl ist, der seinen Weg zu einem respektablen Mitglied der Gesellschaft finden wird.

Sicherlich ist es nicht möglich und auch nicht notwendig, dass jedes Kind in der sozialen Gemeinschaft eines Dorfes aufwächst, um gute Entwicklungsbedingungen zu haben. Aber es lohnt sich gewiss, darüber nachzusinnen, welche Rahmenbedingungen unter den heutigen gesellschaftlichen Gegebenheiten notwendig und machbar sind, damit Kinder sich optimal entwickeln können.

> Eltern, die ihr Kind lieb haben, genau so wie es ist, und ihm Grenzen aufzeigen, ohne seine Persönlichkeit abzuwerten, sind die besten „Entwicklungshelfer/innen".

2.2 Zur Definition und Bewertung von auffälligem Verhalten

„Blamier uns nicht wieder bei der Tante!" sagt der Vater zu seinem Sohn, kurz bevor sie die Wohnung der Tante betreten.

„Fall nicht wieder aus der Rolle, wenn wir ins Puppentheater gehen, sonst kannst du das nächste Mal nicht mehr mitkommen." – Diese Botschaft richtet die Erzieherin an die fünfjährige Anna, die bei jedem Besuch im Kino oder Kindertheater durch ihr auffälliges Verhalten die Blicke aller übrigen Besucher/innen an sich zieht.

„Ich muss dir gar nicht vorher sagen, um welches Kind es sich handelt. Du erkennst den Jungen sofort, denn er fällt immer aus dem Rahmen", höre ich von der Erzieherin, die mich zur Beobachtung eines verhaltensauffälligen Kindes gebeten hat.

„Dein Verhalten ist unmöglich, völlig verrückt!" – Diese Zuschreibung hören bisweilen Kinder ebenso wie Erwachsene.

„Die Svenja ist heute wieder so bedenklich still, bestimmt brütet sie gerade wieder etwas Blödsinniges aus", vermutet eine Horterzieherin, als sie das Mädchen wieder mit finsterem Gesichtsausdruck in einer Ecke sitzen sieht.

Das Gemeinsame an den Beispielen ist, dass das Verhalten nicht den allgemeinen Erwartungen entspricht, es fällt aus dem üblichen Rahmen, ist nicht einzuschätzen, kurz: Es ist auffällig. Was verstehen wir eigentlich unter Verhalten, Verhaltensauffälligkeit oder letztlich unter Verhaltensstörung? Verhalten kann definiert werden als die Art und Weise, wie sich ein Mensch mit seiner Umwelt auseinandersetzt, wie er kommuniziert, interagiert oder kooperiert. Ob dieses Verhalten angemessen, auffällig, provozierend, störend, richtig oder falsch ist, wird vor allem vom sozialen Umfeld bewertet. „Zu allen Zeiten und in jeder kulturellen Gemeinschaft gab es Menschen mit normabweichendem Verhalten. Der Grad ihrer Auffälligkeit und die Art und Weise des Umgangs mit diesen Menschen wurde durch die in dieser Gruppe bestehenden religiösen, ökonomischen oder sozialen Normen bestimmt. Dabei galt und gilt auch heute, je größer die Abweichung von den Normen, um so auffälliger und störender wird dieses Verhalten bewertet" (Herm 2002, S. 86).

Die Bewertung des Verhaltens ist also einerseits von der normgebenden Gruppe abhängig, andererseits vom subjektiven Erleben und der individuellen Toleranzgrenze des einzelnen Betrachters. Die Normen einer Gruppe und die Toleranzgrenze eines Individuums sind allerdings keine verlässliche Größe, an der das „richtige" oder „zulässige" Verhalten ausgerichtet werden kann. Betrachten wir einmal das liebenswerte und originelle Geschöpf „Pippi Langstrumpf" von Astrid Lindgren. Pippi ist der Inbegriff eines selbstbewussten, mutigen, unabhängigen Mädchens mit kreativen Ideen und einem ungewöhnlichen Lebensstil. Ihr Verhalten lässt sich selten voraussagen, es entspricht jedoch in der Regel nicht den üblichen gesellschaftlichen Normen, nach denen ein Mädchen (oder grundsätzlich ein Kind) sich verhalten sollte. Trotzdem sind Kinder wie Erwachsene von dieser Figur begeistert und tolerieren ihr Verhalten, ja sie bewundern sie sogar.

Aber was würde geschehen, wenn Pippi Langstrumpf Lust hätte, sich für eine Weile (vielleicht auch gemeinsam mit Annika und Thomas) in einer gewöhnlichen Hortgruppe einzufinden? Wie würden die Pädagog/innen, die Eltern und auch die Kinder reagieren, wenn Pippi nach Lust und Laune ihre Ideen verwirklichen wollte und dabei stets aus dem „Rahmen" fiele? Könnte ihr auffälliges Verhalten toleriert werden oder bekäme sie vielleicht die Zuschreibung „verhaltensgestört"?

Das menschliche Verhalten hat Mediziner/innen, Psycholog/innen und Pädagog/innen stets beschäftigt. Bis zum ersten Weltkongress für Psychiatrie 1950 wurden Kinder, deren Verhalten nicht der Norm entsprach, mit Zuschreibungen wie z. B. schwererziehbar, verwahrlost oder gar psychopathisch gekennzeichnet. Anschließend setzte sich der Begriff „Verhaltensstörung" als Beschreibung für ein von der Erwartungsnorm abweichendes Fehlverhalten im kognitiven, sozialen oder emotionalen Bereich durch. Eine Gefährdung der weiteren Entwicklung des Kindes wurde befürchtet. Dieser neue Begriff ist allerdings ebenfalls problematisch, weil er sehr medizinisch orientiert ist, sich an einem „Normalfall" von kindlicher Entwicklung ausrichtet und Charakterunterschiede bzw. die Individualität von Kindern wenig berücksichtigt. Der teilweise ebenso gebräuchliche Begriff „Verhaltensbehinderung" und die Einrichtung von Schulen für verhaltensgestörte Kinder analog den Schulen für lern-, geistig- oder körperbehinderte Kinder und Kindergärten für verhaltensgestörte Kinder verdeutlichen diese Problematik.

Im Rahmen des Studiums der Sonderpädagogik wurde für Sonderschullehrer/innen oder für Erziehungswissenschaftler/innen die neue akademische Disziplin „Verhaltensgestörtenpädagogik" etabliert mit dem Ziel, eine lebensgerechtere Sichtweise der verhaltensgestörten Kinder durchzusetzen. „Die Verhaltensgestörtenpädagogik hat es weniger mit einer besonderen Art von Kindern sondern eher mit Kindern, in bestimmten typisch problematischen Lebenslagen zu tun, in denen diese Kinder dann für kürzere oder längere Zeit mehr oder weniger ausgeprägt ‚schwierig‘ reagieren" (Bittner 1998, S. 30).

Bis heute wird um einen besseren, nicht stigmatisierenden Oberbegriff für diese Kinder, die sich in seelischer Not befinden, gerungen. Um den problembehafteten Begriff „Verhaltensstörung" zu umgehen, verwende ich im Folgenden den Begriff „Verhaltensauffälligkeit".

Kommen wir noch einmal zurück zur verhaltensauffälligen Pippi Langstrumpf. Einerseits genießt das Mädchen ihr unabhängiges Leben, aber andererseits gehört auch sie zu den Kindern in einer typisch „problematischen Lebenslage". Pippi hat keine Eltern, die Mutter ist im Himmel und der Vater lebt lieber als König auf einer fernen Südseeinsel. Und darüber ist Pippi auch manchmal traurig, wie jedes andere Kind in ähnlicher Lage. Glücklicherweise ist Pippi finanziell gut versorgt und hat sich ein eigenes soziales Netz geschaffen, um überleben zu können. Da gibt es ein Pferd und einen Affen, mit denen sie die „Villa Kunterbunt" bewohnt, und ihre Freunde Annika und Thomas sind eine verlässliche Brücke zum „normalen" menschlichen (kindlichen) Leben. Aus eigenen Kräften hat sie sich ein Umfeld mit wichtigen stabilen Beziehungen geschaffen, mit Geschöpfen, die wirklich da sind, wenn sie gebraucht werden. Auf dieser Basis lässt es sich gut leben und allen möglichen Widrigkeiten trotzen.

Verhaltensauffällige Kinder sind in erster Linie Kinder in seelischer Not. Sie befinden sich in einer problematischen Lebenslage, in der sie für kürzere oder längere Zeit „schwierig" reagieren.

2.3 Auffälliges Verhalten als Notsignal

Menschliches Verhalten ist immer auf ein Gegenüber gerichtet. Selbst wenn wir uns fern von anderen Menschen in eine stille Ecke zurückziehen, verhalten wir uns gegenüber anderen Menschen. Auffälliges Verhalten ist in besonderem Maße darauf ausgerichtet, Aufmerksamkeit zu erlangen. Bei Jugendlichen und Erwachsenen äußert sich dieses Bestreben in auffälliger Kleidung, Frisur, Gesten, besonderen Redebeiträgen, ungewöhnlichen Aktivitäten u. a. m. Auffälligem Handeln liegen vielfältige individuelle und gesellschaftliche Ursachen zugrunde. Beispielsweise lautet eine Botschaft in unserer Mediengesellschaft: Wer sich deutlich bemerkbar macht, wer aus dem üblichen Rahmen fällt, wird berühmt, bedeutend und sogar wohlhabend. Diese Entwicklung ist problematisch, macht allerdings auch deutlich, dass bei vielen Menschen ein tiefer Wunsch nach Anerkennung, Bestätigung oder Wirksamkeit vorhanden ist.

Während bei Jugendlichen oder Erwachsenen auffälliges Verhalten meistens bewusst inszeniert wird, sind Motive von Kindern schwerer zu ergründen. Ein Beweggrund für auffälliges Verhalten ist allerdings immer vorhanden, auch wenn er zunächst verborgen ist. Die körperlichen, seelischen oder sozialen Auffälligkeiten werden nur im Zusammenhang mit der Familiengeschichte und der gesamten kindlichen Lebensumwelt verständlich. Ist dieses Geflecht von Faktoren, die eine gesunde Entwicklung des Kindes mitbestimmen, problembeladen und entwicklungshemmend, erleben wir Auswirkungen im kindlichen Verhalten. Wenn wir Kinder aufmerksam beobachten, können wir in ihrem Verhalten Botschaften oder Notsignale erkennen.

Jede Wahrnehmung und somit auch die Beobachtung wird von subjektiven Empfindungen und eigenen Erlebnissen beeinflusst. Daher ist es nicht verwunderlich, wenn das Verhalten eines Kindes von zwei Pädagog/innen (oder Eltern und Pädagog/innen) unterschiedlich bewertet wird. Aufschlussreich ist die

Beschäftigung mit den Fragen: „Warum bewerte ich dieses Verhalten als auffällig?" „Was hat es möglicherweise mit meiner eigenen Biographie zu tun?"
Hierzu ein Beispiel:

Marie ist fünf Jahre alt und lebt allein mit ihrer Mutter zusammen. Seit einiger Zeit erzählt sie in der Gruppe viele fantastische Geschichten: von tollen Geschenken, die ihr die Verwandten kürzlich mitgebracht haben, von einem neuen Freund, den die Mutter hat, oder von einer Urlaubsreise, die geplant wird. Alles klingt etwas merkwürdig, und in einem zufälligen Gespräch mit der Mutter erfahren die Erzieherin und der Erzieher, dass weder Verwandte zu Besuch gekommen sind, noch die Mutter einen neuen Freund hat.
Die Reaktionen der Erzieher/innen sind sehr unterschiedlich. Der Erzieher findet Maries Verhalten nicht besonders problematisch, denn er hat als Kind mit seinen beiden Brüdern oft „Lügengeschichten" zum besten gegeben. Es machte Spaß, sich etwas auszudenken, andere damit zu überraschen und sich in den Mittelpunkt zu rücken. Gerade in der letzten Zeit hat er außerdem mit den älteren Kindern der Gruppe, zu denen auch Marie gehört, „Lügengeschichten" erfunden. Es hatte allen großen Spaß gemacht und möglicherweise wurde Marie davon besonders beeinflusst.
Die Erzieherin hingegen macht sich Sorgen um Marie, das Kind scheint nach ihrer Meinung nicht besonders glücklich zu sein, denn warum fantasiert sie sich in eine andere Wirklichkeit? Dann erinnert sie sich daran, wie schwierig es damals für sie als kleines Mädchen gewesen war, als der Vater die Familie verlassen hatte, wenig Geld für drei Kinder zur Verfügung stand und sie sich wegen ihrer familiären Situation schämte. Auch sie hatte damals Geschichten erfunden, Geschichten von einer anderen Familienwirklichkeit, um nicht immer von anderen Kindern gehänselt zu werden.

Diese „Lügengeschichten" waren Hilferufe oder Notsignale, leider hatte sie damals niemand erhört.

Im Fall der kleinen Marie können beide Vermutungen der Pädagog/innen zutreffen. Für angemessene pädagogische Interventionen sind weitere Informationen und Beobachtungen notwendig, beispielsweise:

- Seit wann wird dieses Verhalten beobachtet?
- In welchen Situationen tritt es auf?
- Wie reagiert das Kind, wenn es behutsam auf das veränderte Verhalten angesprochen wird?
- Gibt es besondere Konflikte oder neue Strukturen in der Kindergruppe?
- Bestehen in der Kita aus internen Gründen andere Zuständigkeiten, erlebt das Kind deswegen möglicherweise Bindungsverluste?
- Was hat sich in der familiären Situation des Kindes verändert?
- Bestehen Konflikte zwischen Mutter bzw. Vater und Kind?
- Gibt es besondere Ängste, Belastungen oder anstehende Veränderungen, die wir (noch) nicht kennen?

Die kollegiale Beratung (vgl. S. 150) ist eine wertvolle Unterstützung bei der Suche nach den Beweggründen für auffälliges Verhalten.

> Auffällige Verhaltensweisen von Kindern sind Hinweise für ihre seelischen Nöte, sozusagen Notsignale oder Botschaften an die Erwachsenen. Zu verstehen sind diese Botschaften in der Regel erst, wenn die gesamte Lebenswirklichkeit des Kindes betrachtet wird.

Die folgenden Kapitel greifen schwieriges Verhalten von Kindern, mit dem Erzieher/innen und andere Fachkräfte in Kindertagesstätten konfrontiert sind, systematisch auf und vermitteln erste Anregungen, wie Erzieher/innen mit Auffälligkeiten umgehen können.

3 Aggressionen

Zu den Vorhaltensauffälligkeiten von Kindern zählt insbesondere das aggressive Verhalten. Darunter fallen massive Wut, unkontrollierte sowie gezielte Attacken gegenüber anderen, verbale Ausbrüche oder absichtliche Zerstörung von Gegenständen u. Ä. m. Es sind Kinder, die einzelne Spielgefährten oder die Gruppe mit ihrem Verhalten stören, manchmal sogar tyrannisieren und uns an die Grenzen des pädagogischen Handelns bringen können.

3.1 Was bedeutet „aggressives" Verhalten?

Aggression, abgeleitet von „aggredere" (lat.), bedeutet zunächst nur „auf etwas zugehen", „herausschreiten", also „aktiv sein". Ein Sportler, z. B. ein Tennisspieler, der nicht aggressiv ist, nicht angreift, verliert meistens sein Spiel. In der Alltagssprache wird Aggression eher mit Gewalt, Zerstörung, Brutalität und Verletzung gleichgesetzt und dadurch zu einer Quelle von Angst. Bach und Goldberg definieren Aggression als eine ganze Skala von Verhaltensweisen und meinen damit jedes Verhalten, das im wesentlichen das Gegenteil von Passivität und Zurückhaltung darstellt (vgl. Bach/Goldberg 1983, S. 15): „Unsere Definition umfasst Verhaltensweisen wie den direkten und persönlichen Ausdruck von Ärger und Ablehnung, Wutausbrüche, Willensäußerungen, offene Konfrontationen mit anderen, aktive Annäherung an Situationen und Menschen anstelle von passivem Abwarten (…) und die Fähigkeit, mit der gleichen Unbefangenheit und Direktheit „nein" zu sagen, mit der wir gewohn-

heitsmäßig „ja" sagen können, außerdem gehören auch körperliche Äußerungen wie Schreien, Kreischen und Schlagen dazu.
Aggressive Energie, wie wir sie verstehen, schafft kritische Vita-
lität für den Lebensprozess. Sie kann die Tiefe und Wirklichkeit
des Lebens intensivieren."

So verstanden, ist aggressives Verhalten auch normales, „gesundes" Verhalten. Wenn Wut, Ärger, Ablehnung usw. deutlich
zum Ausdruck gebracht und nicht in sich „hineingefressen" und
angestaut werden müssen, gibt es auch keinen Dampfkessel, der
irgendwann einmal – und dann meistens unkontrolliert – explo-
dieren muss. Das heißt, dass auch Erzieher/innen einmal ärger-
lich über Kinder, Eltern oder Kolleginnen sein und dies in offe-
ner, angemessener Form zum Ausdruck bringen können. Sie
sind für Kinder gute Vorbilder, wenn der Grund des Ärgers, sowie das Bemühen um eine Konfliktlösung deutlich werden. Daher müssen wir auch die Menschen genauer betrachten, die aus-
schließlich mit nicht-aggressiven Eigenschaften beschrieben
werden, wie z. B.:

- Er ist zu keinem unfreundlichen Gedanken fähig.
- Sie kann überhaupt keiner Fliege etwas zuleide tun.
- Eine wunderbare Familie, bei ihnen gibt es niemals Streit
  oder böse Worte.

Genauer beobachten sollten wir auch jene Kinder, die wohlwol-
lend als „brave", ruhige, anspruchslose Babys oder „lammfrom-
me" Kinder beschrieben werden und nach ihrer Lebensenergie
forschen, denn so ein Verhalten fällt auch aus der Norm und
ist somit auffällig.

Aggressives Verhalten hat nicht nur verschiedene Ausdrucksformen, sondern wird in seinen destruktiven, beängstigenden
Ausdrucksweise auch unterschiedlich erlebt. Beispielsweise reagieren Erzieherinnen und Erzieher in der Regel anders auf miteinander kämpfende Kinder (meistens Jungen), da sie qua Geschlecht in ihrer Lebensgeschichte unterschiedliche Erfahrungen
mit körperlicher Auseinandersetzung gemacht haben. Aber selbst

unter Männern und unter Frauen ist das Erleben und die Toleranzgrenze von Aggressivität nicht einheitlich, sondern stets
abhängig von den eigenen Erfahrungen mit physischen und psychischen Bedrohungen oder Verletzungen. Auch die persönlichen
Möglichkeiten, auf aggressives Verhalten zu reagieren, beeinflussen die Bewertung dieses Verhaltens. Außerdem ist es notwendig,
bei der Bewertung des kindlichen Verhaltens die Situation, die
Vorbedingungen und die Absicht des Kindes zu berücksichtigen.

3.2 Mit Frustrationen umgehen

Mit zunehmendem Alter der Kinder, der sich entwickelnden
Körperkraft und verbal-aggressiven Ausdrucksmöglichkeiten
treten aggressive, gewalttätige Auseinandersetzungen vermehrt
auf. Manchmal erleben wir allerdings auch bei jüngeren Kindern
diese Verhaltensweisen. Meistens sind sie Ausdruck von Hilflosigkeit und Frustration in neuen Lebenssituationen, beispielsweise bei Trennung der Eltern, Geburt eines Geschwisterkindes
oder schwerwiegenden Erkrankungen in der Familie.

Im folgenden Beispiel wird ein Kind geschildert, das mit zwei
unterschiedlichen Lebens- und Erziehungswelten konfrontiert ist
und daraus resultierende auffällige Verhaltensweisen entwickelt.

Erkan, drei Jahre alt, ist seit einigen Wochen in der Kita. In
seiner altersgemischten Gruppe gibt es fünfzehn Kinder im Alter von zwei bis sechs Jahren. Der Erzieherin fällt ein zunehmend aggressives Verhalten auf, der kleine Junge zerstört oft
Spielsachen und Spielsituationen anderer Kinder, mitunter
schlägt er sie.
Ich erlebe eine „typische" Situation in der Gruppe: Es ist Frei-
spielzeit, die Kinder beschäftigen sich in kleinen Gruppen. Erkan rennt quer durch den Raum hinter drei etwa sechsjährigen
Jungen her. Sein Gesicht ist gerötet, die Körperhaltung ange-

spannt. Die drei Jungen setzen sich in eine Ecke und wollen Karten spielen. Erkan setzt sich dazwischen und will offensichtlich mitspielen. Die großen Jungen rücken etwas zur Seite und wenden sich von ihm ab. Erkan rückt nach und greift nach Spielkarten, die auf dem Boden liegen. Die Großen nehmen sie ihm aus der Hand und sagen unmissverständlich „Hau ab!". Erkan versucht noch einige Male, die Aufmerksamkeit der drei Jungen zu erlangen und sich ins Spiel einzuschalten – vergeblich. Die Jungen schieben den Kleinen zur Seite, wollen ihn nicht dabei haben. Erkan schreit laut, dann sitzt er mit leisem Jammern und abgewendeter Körperhaltung da. Nach einigen Augenblicken steht er auf, geht durch den Raum, tritt dabei auf die Bilderbücher zweier etwa vierjähriger Jungen und schubst schließlich ein kleines Mädchen zu Boden. Das Mädchen weint laut. Erkan geht in die Ecke mit der Hängematte, kippt ein Mädchen aus der Hängematte (sie schreit nun ebenfalls) und krabbelt selber hinein. Mit ziemlich „finsterem" Gesichtsausdruck verkriecht er sich tief in den Stoff.

Was ist los mit Erkan, warum verhält er sich so aggressiv? Was können wir tun? Um diese Fragen beantworten zu können, ist eine genauere Analyse der aktuellen Lebensumstände erforderlich. An diesem Beispiel möchte ich die Aspekte einer ausführlichen Problemanalyse beschreiben.

Familiäre Situation

Erkan ist der langersehnte Sohn einer Familie mit drei Töchtern im Grundschulalter. Die ganze Familie, einschließlich Großeltern und Geschwister der Eltern freuten sich über die Geburt dieses Stammhalters. Der Junge wird von allen Verwandten sehr verwöhnt und umsorgt. In der Familie setzt dem kleinen Prinzen niemand Grenzen, d. h. Frustrationserfahrungen hat Erkan kaum bewältigen müssen. Der Junge orientiert sich vor allem an den beiden älteren Cousins (acht und neun Jahre alt), die im

Nachbarhaus wohnen und – so berichten es die Eltern – gern mit dem Kleinen spielen. Die älteren Schwestern kümmern sich „mütterlich" um den kleinen Bruder. Der Vater ist viel außer Haus und ansonsten sehr stolz auf seinen lebhaften Sohn.

Situation in der Kindergruppe

Erkan gehört zu den jüngsten Kindern in der Gruppe. In seinem Alter gibt es noch einen weiteren Jungen und zwei Mädchen, drei Mädchen und zwei Jungen sind vier Jahre alt, knapp sechs Jahre alt sind drei Jungen und drei Mädchen. Von Anfang an hat sich Erkan an den drei ältesten Jungen (zwei türkischen und einem deutschen Jungen) orientiert, zunächst beobachtend aus der Ferne, dann suchte er den direkten Kontakt. Die drei Jungen fanden den kleinen Kerl anfangs ganz niedlich und ließen ihn ab und zu mitspielen. Inzwischen nervt sie die Anhänglichkeit des Kleinen, zumal er bei ihren Spielen nicht wirklich mithalten kann. Zu anderen Kindern in der Gruppe besteht bisher kaum Kontakt (vgl. Soziogramm von Erkan auf S. 145). Trotz vieler Frustrationen, mit denen Erkan fertig werden muss, kommt der Junge regelmäßig in die Kita und trennt sich ohne Schwierigkeiten morgens von der Mutter. Er beschäftigt sich dann für eine Weile allein mit den vielen interessanten Spielgegenständen, die im Regal zugänglich sind. Er kommuniziert wenig mit anderen Kindern (außer mit den drei Jungen). In der Zweitsprache Deutsch kann er sich dennoch gut ausdrücken. Zwischen der Erzieherin und dem Jungen besteht ein gewisses Vertrauensverhältnis, sie kann ihn gelegentlich auf den Schoß nehmen, mit ihm ein Bilderbuch anschauen oder mit ihm spielen.

Problemanalyse

Bisher haben die älteren Cousins dem kleinen Jungen das Gefühl von Gleichrangigkeit vermittelt. Gefühle von Omnipotenz konnten sich durch das Verhalten seiner Familienmitglieder entwickeln. Für Erkan gab es kaum Situationen, in denen er lernen konnte, wie mit „Klein-Sein" und Frustrationen umzugehen ist. Das Einhalten von Regeln wurde ihm nicht abverlangt, Grenzen wurden beliebig überschritten (z. B. die verabredete Zeit abends, um zu Bett zu gehen). Dafür bekam er in seinen ersten drei Lebensjahren ein klares Bild über die geschlechtliche Rollenaufteilung vermittelt: Frauen versorgen die Familie und Männer gehen nach draußen zur Arbeit, geben den Ton an und dürfen kämpfen, toben und Fußball spielen.

In der fremden Welt der Kindertagesstätte wird Erkan nun mit Anforderungen konfrontiert, die er nicht gewohnt ist, z. B. soll er sein Frühstücksgeschirr vom Tisch abräumen, das Spielzeug gemeinsam mit den anderen Kindern wieder einräumen und sich an einen bestimmten Tagesablauf halten. Bisher nicht gekannte Regeln und Grenzen werden von Frauen gesetzt und sie erwarten das Einhalten dieser Regeln. Die großen Jungen, seine männlichen Vorbilder, akzeptieren ihn nicht als gleichwertig und mit gleichaltrigen Kindern hat er bisher kaum gespielt, mit kleinen Mädchen schon gar nicht. – Eigentlich ist Erkan ziemlich allein. Seine Wut, seinen Ärger und seine Hilflosigkeit in der unbefriedigenden neuen Situation äußert er durch sein aggressives Verhalten.

Pädagogische Maßnahmen

Ein wichtiger Ansatzpunkt für pädagogisches Handeln besteht im Erkennen der Interessen und Ressourcen des Kindes. Dadurch wird der Blickwinkel erweitert und es können Möglichkeiten zur Entwicklungsunterstützung gefunden werden. Erkans Interesse gilt Spielmaterialien wie Bausteinen, Spielfiguren, Autos und Puzzles, mit denen er sich mit großer Ausdauer beschäftigt. Allerdings spielt er stets für sich allein. Hier kann die Erzieherin Spielkontakte zu anderen Kindern unterstützen. Der Weg zu Kontakten mit gleichaltrigen oder ähnlich interessierten Spielpartner/innen könnte über den vierjährigen Jungen führen, der an Erkan interessiert ist (vgl. Soziogramm S. 145).

Bewegung bereitet dem Jungen ebenfalls Freude. Die Psychomotorik bietet ein reichhaltiges Angebot an bewegungsaktiven Spielen in Kleingruppen oder in der Gesamtgruppe.

Im Elterngespräch ist es notwendig, auf bestimmte Erziehungsprinzipien und Regeln der Kita hinzuweisen, z. B. dass Jungen und Mädchen gleichberechtigt behandelt werden und daher auch Jungen bestimmte Aufgaben wie das Tischabräumen erfüllen müssen. Das bedeutet für Erkan, dass er sich mit zwei Realitäten auseinander setzen muss: mit seinem Zuhause und der Kita. Es lohnt sich, im Elterngespräch immer wieder darauf hinzuweisen, dass Regelvereinbarungen und Grenzsetzungen für die Entwicklung eines Kindes unabdingbar sind.

3.3 Mit Grenzen umgehen lernen

„Schau dir mal den Christoph dort auf dem Dreirad an. Wenn ich ihn jetzt mit den anderen Kindern zusammen sehe, kann ich kaum glauben, dass es der gleiche Junge ist, mit dem wir vor einem Jahr diese entsetzlichen Probleme hatten." Beate, Christophs Erzieherin, steht neben mir auf dem Spielplatz und schaut mit strahlenden Augen auf den Fünfjährigen. Auf dem Plattenweg saust Christoph geschickt mit seinem Dreirad zwischen den Kindern herum, gelegentlich ruft er: „Achtung! Ich komme!" Einige Male dürfen kleinere Kinder auf der hinteren Standfläche seines Dreirads mitfahren. Schließlich kommt er mit hohem Tempo auf uns zu gestrampelt und biegt mit elegantem Schwung und schelmischem Blick zu Beate im letzten Moment zur Seite ab.

Vor einem Jahr, kurze Zeit nach seiner Aufnahme in die Kita, sauste Christoph an manchen Tagen mitten in die spielenden Kinder hinein. Manchmal fuhr er mit dem Dreirad in wildem Tempo sogar gegen die Hauswand oder eine Gartenbank, ungeachtet der eigenen Verletzungsgefahr. Verbale Reglementierungen nahm er kaum zur Kenntnis, er akzeptierte keine Regeln und Grenzen. Manchmal endeten Auseinandersetzungen in Wutausbrüchen des Jungen, oder er zerstörte Spielsituationen und Spielzeug anderer Kinder. Andere Eltern beschwerten sich bereits über dieses „unmögliche" Kind. Allmählich entwickelte sich Christoph zum Außenseiter in der Gruppe, jüngere Kinder hatten sogar Angst vor seinen unkontrollierten Ausbrüchen.

Als Christoph etwa drei Jahre alt war, trennten sich seine Eltern, der Junge blieb bei der Mutter. Sonnabends sah er den Vater, zumindest in den ersten Monaten. Auf dieses Zusammensein freute sich der Junge stets. Nach einigen Monaten wurden die Besuchstermine oft kurzfristig abgesagt oder verschoben. Eine geplante Reise von Vater und Sohn kam aufgrund widriger Umstände nicht zu Stande. Für Christoph waren diese andauernden Enttäuschungen und Regelverletzungen schwer zu ertragen.

Frau K. versuchte nach Kräften, ihrem Sohn ein angenehmes Zuhause zu gestalten und den fehlenden Vater zu ersetzen. Dennoch sprach sie von einer Mangelsituation des Kindes, verursacht durch den fehlenden Vater und durch ihre beruflich bedingte lange Zeit der Abwesenheit (Christoph besucht die Kita in der Regel von 7:30 Uhr bis 17:00 Uhr). Als Ausgleich für diesen Mangel zeigte sich die Mutter gegenüber dem Sohn in Konfliktsituationen oder bei Nichteinhaltung von Verabredungen sehr nachgiebig. Grenzsetzungen erfuhr Christoph immer weniger. Auf gelegentliche Wutausbrüche und sein immer stärker werdendes zerstörerisches Handeln fand Frau K. keine passende Entgegnung. Sie fühlte sich mitschuldig für die schwierige Situation des Kindes und hoffte, dass ihr gewährendes Verhalten den Jungen ändern und zufrieden stellen würde.

Christoph hatte also mehrere schwierige Erfahrungen zu verkraften. Die Trennung der Eltern ist immer ein trauriges Ereignis für Kinder, zumal in der besonders instabilen Lebensphase zum Ende des dritten Lebensjahres (Autonomieentwicklung, Trotzphase). Der geliebte Wochenendvater hält sich in der Folgezeit nicht an die ausgehandelten Umgangsregeln und ist immer weniger präsent. Um den Vater nicht entwerten zu müssen, idealisierte er ihn um so mehr. Hingegen machte er die Mutter, die ihm alltäglich zur Verfügung stand, für viele enttäuschende Ereignisse verantwortlich.

Christoph war nun der einzige „Mann im Haus" an der Seite einer überforderten, von Schuldgefühlen geplagten Mutter. In dieser Zeit der Enttäuschungen und zunehmenden Orientierungslosigkeit fiel der Eintritt in die Kindertagesstätte – für den Jungen erneut eine unbekannte Situation, in der er sich bewähren sollte.

Der Mangel an väterlicher Präsenz war augenscheinlich, aber ein weiteres Defizit wurde deutlich: der Mangel an Regeln und Begrenzungen, die seine schwierige Lebenssituation strukturieren und ihm Halt geben konnten. Wir verstanden Christophs ständiges Überschreiten von Grenzen und Regeln auch als Notsignal. In seiner chaotisch gewordenen Welt suchte er nach Halt, nach jemandem, der stärker als er selber war und ihn beschützen konnte.

Wie können Erwachsene, Eltern oder Pädagog/innen, in ähnlichen Situationen die geforderte Stärke zeigen, ohne zu viel Druck oder gar Gewalt auszuüben? Omer und Schlippe, zwei Familientherapeuten, geben in ihrem Buch „Autorität ohne Gewalt!" (2002) wichtige Hinweise. Sie beschäftigen sich mit Eltern, die sich als handlungs- und entscheidungsunfähig im Umgang mit ihren ständig grenzüberschreitenden oder „tyrannischen" Kindern erleben. Trotz bester Absicht sind diese Eltern nicht in der Lage, ihrem Kind Halt und Sicherheit zu geben – aus purer Angst, dem Kind in seinem Autonomiebestreben zu nahe zu treten.

Omer und Schlippe haben ein Konzept der „elterlichen Präsenz" entwickelt, das Eltern hilft, wieder handlungsfähig zu werden und dadurch ihre elterliche Rolle einnehmen zu können. Ihnen geht es darum, „... den Eltern elterliche Kraft gegenüber kindlicher Destruktion zu vermitteln, also die Möglichkeit, autoritär zu sein, ohne zu Gewalt zu greifen" (ebd. S. 25). Dazu gehört in manchen Situationen auch die körperliche Präsenz, die früheste und elementarste Präsenz, die bereits der Säugling spürt, denn bei einem kleinen Kind können „alle Gefühlsausbrüche in den starken Armen von Mutter oder Vater einen sicheren Hafen finden" (ebd. S. 89). Dieser „emotionale" Gebrauch des elterlichen Arms bleibt für viele Jahre (Jahrzehnte) von Bedeutung, unabhängig davon, wie autonom das Kind oder der Jugendliche inzwischen lebt. Die Therapeuten raten Eltern in bestimmten Krisensituationen, ihr Kind auf den Schoß zu nehmen und fest zu umarmen. Sie nennen es die „Bärenumarmung"[8] und geben den Eltern genaue Anweisungen, damit diese therapeutische Intervention wirksam wird.

Zurück zu unserem Beispiel von Christoph: Hier handelt es sich um keine therapeutische Maßnahme, sondern um pädagogisches Handeln in der Kita. Die Erzieherin begann mit ihrer körperlichen Präsenz dem Jungen Grenzen aufzuzeigen und ihn zu halten. Immer wieder setzte Beate den Jungen nach seinen gewalttätigen Aktionen auf ihren Schoß und hielt den zappelnden und oft noch eine Weile schreienden Jungen fest umarmt. Rückblickend beschreibt sie die ersten beiden Monate als eine Zeit, die ihr oft an die Substanz gegangen ist. Vor allem beschäftigte sie die Frage, inwieweit diese Demonstration von Stärke, diese Machtausübung gegenüber einem viereinhalbjährigen Kind, mit ihrer bisherigen Haltung als einfühlsame Erzieherin vereinbar war? Ihre Erfahrungen fasst sie folgendermaßen zusammen: „Damals hatte ich nicht immer die Zuversicht, das Richtige für das Kind und für mich zu tun. Heute, nach diesen wichtigen Erfahrungen,

_____

[8] Die „Bärenumarmung" ist nicht zu verwechseln mit der sogenannten „Festhaltetherapie".

weiß ich es besser. Meine feste Zuversicht in das Gelingen deutlicher Grenzsetzungen gibt mir heute Sicherheit, das Richtige mit Christoph durchgestanden zu haben."

Nach etwa drei Monaten hatte sich Christophs Verhalten in der Kita verändert. Gewalttätige Ausbrüche fanden nicht mehr statt, wichtige, gemeinsam vereinbarte Regeln wurden immer besser eingehalten, zunehmend akzeptierten die anderen Kinder den Jungen und inzwischen nimmt Christoph für jüngere Kinder eine wichtige Rolle ein. Dadurch wird sein Selbstwertgefühl und Wirksamkeitsempfinden erheblich gestärkt. Zu dieser erstaunlichen Veränderung trugen auch Christophs Eltern bei. Verschiedene Elterngespräche fanden statt, auch mit beiden gemeinsam. Frau K. hatte verstanden, dass Regeln und Grenzen, die Kindern gesetzt werden, kein Liebesentzug sind, sondern auch bedeuten können:

- Ich passe auf dich auf.
- Ich sorge mich um dich, denn ich hab' dich lieb.
- Ich gebe dir Halt.

In Absprache mit ihrem Sohn stellte Frau K. einige Hausregeln auf und forderte die konsequente Einhaltung. Bei Missachtung erfolgten klar verabredete Sanktionen. Herrn K. wurde deutlich, dass er nicht nur als Vater gebraucht wird, sondern auch als Vorbild für Christophs Identitätsentwicklung und für den Umgang mit Regeln und Verabredungen. Inzwischen holt er Christoph an jedem Freitag aus der Kita ab und manchmal verweilt er einige Zeit, um mit seinem Sohn und anderen Kindern zu spielen. Darüber ist Christoph besonders glücklich.

> Kinder brauchen für ein gesundes Wachstum neben Liebe und Aufmerksamkeit auch Regeln und Grenzen, insbesondere dann, wenn haltende Strukturen in der kindlichen Lebensumwelt ins Wanken geraten.

4 Hyperaktivität und Störungen der Aufmerksamkeit

In den letzten Jahren wurde keine „Störung" oder „Krankheit" von Kindern so häufig in der Öffentlichkeit thematisiert wie das Thema „Hyperaktivität und Störung der Aufmerksamkeit". Fachbücher überschwemmen den Büchermarkt, in allen Medien diskutieren Journalist/innen, Ärzt/innen, Psycholog/innen und Pharmazeut/innen ihre kontroversen Positionen und im Internet sind die Informationsseiten von Einzelpersonen, Selbsthilfegruppen oder anderen Expert/innen kaum noch zu zählen.[9] Ich möchte mich in diesem Kapitel auf die für die pädagogische Praxis wesentlichen Aspekte dieser Thematik begrenzen.

Zappelnde, störende, unaufmerksame oder in irgendeiner Weise anstrengende Kinder gibt es schon immer und wir kennen sie nicht nur aus dem berühmten Struwwelpeter-Bilderbuch, sondern auch aus vielen medizinischen, psychologischen und pädagogischen Studien seit über 100 Jahren. Immer wieder haben sich Eltern, Pädagog/innen, Psycholog/innen oder auch Ärzt/innen entsprechend ihrem Fachwissen bemüht, einzelnen störenden, überaktiven oder unaufmerksamen Kindern, Jugendlichen und Erwachsenen Hilfe zuteil werden zu lassen, damit sie sich in ihre soziale Gruppe integrieren und sich nicht zu „gestörten" Außenseitern entwickeln. Heute geht es allerdings nicht mehr um Einzelfälle, sondern um große Personengruppen, bei denen Hyperaktivität oder Aufmerksamkeitsstörungen diagnostiziert werden, die einen Krankheitswert besitzen. Folgende Diagnosen und

---

[9] Aus der Vielzahl der Fachbücher möchte ich zur Vertiefung in diese Thematik zwei Bücher empfehlen: Köckenberger, „Hyperaktiv mit Leib und Seele" und Voß/ Wirtz, „Keine Pillen für den Zappelphilipp" (vgl. Literaturangabe)

Begriffe sind weit verbreitet und deuten auf ein Symptom unserer Industriegesellschaft am Anfang des 21. Jahrhunderts hin.

- HKS (Hyperkinetisches Syndrom[10])
- ADHS (Aufmerksamkeits-Defizit-Hyperaktivitäts-Syndrom)
- ADS (Aufmerksamkeits-Defizit-Syndrom)
- ADS mit und ohne Hyperaktivität

Diese Begriffe werden im deutschsprachigen Raum verwendet, die folgenden in anglophonen Ländern:

- ADD (Attention-Deficit-Disorder)
- ADHD (Attention-Deficit- Hyperactivity-Disorder)

„In den USA ist ADHS inzwischen mit 20 % die am häufigsten diagnostizierte „Krankheit" von Kindern, dagegen wird ADS oder HKS in den meisten Entwicklungsländern überhaupt nicht beschrieben. In Deutschland schwanken die statistischen Angaben zwischen 3 % und 10 %, einige Lehrer bewerten etwa 50 % ihrer Schüler als hyperaktiv oder aufmerksamkeitsgestört" (Herm 2002, S. 160 f.). Interessant, aber auch bedenklich ist, dass ADHS etwa neunmal häufiger bei Jungen diagnostiziert wird als bei Mädchen (vgl. dazu Kapitel 4.1).

Symptome oder auffällige Verhaltensweisen zu beschreiben ist schwierig, nicht nur weil es kein einheitliches Erscheinungsbild von „Störungen der Aufmerksamkeit" gibt, sondern auch weil die Zuschreibung, das sogenannte „Krankheitsbild", ungenau definiert ist und umgangssprachlich unterschiedlich verwendet wird.

„Minimale cerebrale Dysfunktion"

Vor einigen Jahren wurden Kinder, deren auffälliges Verhalten nicht eindeutig neurologisch oder psychologisch zu erklären war, mit der Zuschreibung „Frühkindliche Hirnstörung" oder „Minimale cerebrale Dysfunktion" (MCD) belegt. Mediziner/in-

---

[10] Mit „Syndrom" wird ein Krankheitsbild bezeichnet, das sich aus dem Zusammentreffen verschiedener charakteristischer Symptome ergibt (vgl. Duden).

nen erklärten die nicht sichtbar nachweisbare MCD mit einer eher geringfügigen Funktionsstörung des kindlichen Gehirns.

„Hyperkinetisches Syndrom"

Die medizinische Diagnose „Hyperkinetisches Syndrom" (HKS), ein etwas neuerer Begriff, wurde gestellt, wenn Kinder durch ein Zuviel an aktiven Handlungen, ungesteuerten Bewegungen und übermäßigem Bewegungsdrang auffielen.

Aufmerksamkeitsstörung

Neben der Hyperaktivität ist heute noch die Aufmerksamkeitsstörung (ADS), also der Konzentrationsmangel, zu den Diagnosen hinzu gekommen. Aufmerksamkeitsstörungen werden in der Regel erst im Schulkindalter unter den Anforderungen des schulischen Lernens festgestellt.

ADS mit und ohne Hyperaktivität

Um zu unterscheiden, ob Kinder mit ADS zusätzlich auch unter Bewegungsunruhe (Hyperaktivität) leiden, wird von ADS mit und ohne Hyperaktivität gesprochen oder von ADS und ADHS.

4.1 Zur Symptomatik und Diagnose

Es entsteht der Eindruck, als ob inzwischen nahezu jedes Kind mit übermäßigem Bewegungsdrang und Lernschwierigkeiten in der Schule durch die Diagnose ADS mit oder ohne Hyperaktivität zu einem medizinisch behandlungsbedürftigen, „kranken" Kind erklärt wird.[11] Gleichzeitig ist die Diagnose ADS oder ADHS

---

[11] Zunehmend mache ich in meinen Fortbildungen zum Thema ADS und ADHS die Erfahrung, dass die Teilnehmer/innen einerseits als professionelle Pädagog/innen interessiert sind, aber eine immer größer werdende Gruppe auch als Mütter von in der Schule auffälligen Söhnen sich Informationen und Rat zum vermeintlichem ADS oder ADHS ihrer Kinder erhoffen.

höchst umstritten und die zunehmende Häufigkeit, mit der bereits Kinder unter sechs Jahren sowie Schulkinder dieser Diagnose zugeordnet werden, ist besorgniserregend. Zu ihrer Erstellung sind sorgfältige und umfassende medizinische Untersuchungen unterschiedlicher Funktionsbereiche und psychologische Beobachtungen des komplexen kindlichen Verhaltens notwendig, was allerdings selten geschieht. Daher kommt es häufig zu vorschnellen und falschen Diagnosen von ADS/ADHS.

In der ARD Sendung „Report" (September 2001) wurde berichtet, dass wahrscheinlich etwa 80 % der Kinder mit der Zuschreibung ADHS eine falsche Diagnose haben. Die Problematik trat anschaulich zutage, als eine Kinderärztin berichtete, dass sie in der Lage sei, innerhalb von 10–15 Minuten durch Augenschein und Abhaken eines Fragebogens die Diagnose zu erstellen. – Sie ist kein Einzelfall. In anderen Berichten[12] wurde festgestellt, dass nicht nur Kinderärzt/innen und Kinderpsychiater/innen die Diagnose stellen und daraufhin Rezepte für Ritalin[13] o. Ä. ausstellen, sondern auch HNO-Ärzt/innen, Radiolog/innen, Gynäkolog/innen, Laborärzt/innen und sogar Zahnärzt/innen. Mindestens aus zwei Gründen ist diese Situation höchst problematisch. Zum einen zieht eine falsche Diagnose eine falsche, inadäquate Behandlung nach sich. In der Regel erfolgt eine medikamentöse Behandlung mit Ritalin oder ähnlichen Psychostimulanzien, die sehr umstritten ist. Zum anderen werden die wirklichen Schwierigkeiten mancher Kinder, wie z. B. kindliche Depressionen, Angststörungen oder organische Erkrankungen, nicht erkannt und demnach kann auch die notwendige adäquate Hilfe nicht gewährt werden.

Es müssen dringend Maßnahmen getroffen werden, damit nicht Aussagen von Eltern oder Lehrer/innen wie etwa: „Er scheint mir nicht zuzuhören, wenn andere mit ihm sprechen." –

----

[12] Vgl. Blech/Thimm (2002), S. 126.
[13] Am Ende des Kapitels wird näher auf das Medikament Ritalin eingegangen.

„Hat häufig Schwierigkeiten, Aufgaben und Aktivitäten zu organisieren" oder „Platzt häufig mit der Antwort heraus" (vgl. Blech/
Thimm 2002, S. 130) weiterhin zu Kriterien der Diagnose ADHS
werden.

Im Folgenden möchte ich aus der Vielzahl der Verhaltens-
beschreibungen und Symptome einige herausgreifen, die auch
in Kindergarten und Hort relevant sind:

Gedächtnis und Wahrnehmung

Das Kind hat u. a. eine mangelhafte Wahrnehmungsselektion, es
konzentriert sich oft auf nebensächliche Aspekte, speichert wichtige Informationen unzulänglich und verzettelt seine Energien
an falschen Objekten und Inhalten. Es vermittelt häufig den Eindruck, der Lehrkraft zugewandt zu sein, ist aber visuell mit etwas
anderem beschäftigt, betrachtet beispielweise einen Vogel auf der
Fensterbank hinter der Lehrkraft. Oder es scheint jemandem aufmerksam zuzuhören, nimmt aber tatsächlich die Hintergrund-
geräusche im Raum deutlicher wahr als das an es gerichtete
Wort. Als Folge entgehen ihm wichtige Informationen.

Kreativität

In der Schulstunde kommen z. B. durch eine bestimmte Äuße-
rung der Lehrkraft, spontan und kreativ Denkprozesse in Gang,
die nicht unmittelbar zum Unterrichtsstoff gehören. Dadurch
wird das Kind vom aktuellen Thema abgelenkt und ist oftmals
nicht in der Lage, die von der Lehrkraft erwarteten Antworten
zu geben. Somit sagen die Kinder oft das Richtige zum falschen
Zeitpunkt.

Selbstwahrnehmung

Häufig fällt die Qualitätskontrolle der eigenen Arbeit aus, Feed-
back – Lob oder Kritik – wird dann nicht verstanden bzw. nicht
genutzt.

Aufmerksamkeit

Die Dauer der Aufmerksamkeit kann von vielen Faktoren beeinträchtigt werden. Kurzzeitig mag die Aufmerksamkeit gut oder zufriedenstellend und Selbstregulierung möglich sein. Das Kind lässt sich jedoch leicht ablenken oder hat Probleme, sich über einen längeren Zeitraum zu konzentrieren, vor allem dann, wenn ihm die Aufgaben langweilig und uninteressant erscheinen.

Impulsivität

Dem Kind mangelt es u. a. an der Fähigkeit zur bewussten Verhaltensregulierung. Es trifft impulsive Entscheidungen und handelt dann überstürzt. In seinen Gefühlsäußerungen ist das Kind schwankend und manchmal unangemessen.

Bei Aufmerksamkeitsstörungen mit Hyperaktivität kommen noch weitere Auffälligkeiten hinzu, u. a.:

- Die Kinder haben einen starken Bewegungsdrang und toben am liebsten den ganzen Tag.
- Sie sind zappelig und stehen unter ständiger Hochspannung.
- In ihrem Tun kommt Rastlosigkeit zum Ausdruck, sie sind ungeduldig und können Bedürfnisse schwer aufschieben. Sie erscheinen oft umtriebig und können nur schwer ruhig und ausdauernd spielen.
- Sie haben große Schwierigkeiten sich zu konzentrieren, Spannungen aus- oder durchzuhalten und Wünsche aufzuschieben.
- Sie besitzen unzulängliche Fähigkeiten, äußere und innere Grenzen wahrzunehmen. Demzufolge suchen sie immer wieder Grenzerfahrungen, da sie selber nicht fähig sind, sich selbst zu begrenzen.

Die Aufzählung kann noch um viele Aspekte ergänzt werden. Neben dieser störenden und problematischen Seite des Verhaltens gibt es auch andere Verhaltensweisen, die zwar wenig beachtet werden, aber für die Kinder wichtige Ressourcen darstellen und Ausgangspunkte für pädagogische und therapeutische Hilfestellungen sein können:

- Die Kinder zeigen Interesse an allem, was in ihrem Umfeld geschieht.
- Sie haben einen ausgeprägten Sinn für Gerechtigkeit und lassen sich nicht alles gefallen, geben nicht auf, sondern wehren sich.
- Sie sind hilfsbereit und nicht nachtragend, fürsorglich vor allem gegenüber jüngeren Kindern.
- Sie sind Energiebündel, begeisterungsfähig beim gemeinsamen Bewegungsspiel und haben viele Ideen (vor allem beim „Blödsinnmachen" mit Spielgefährten).
- Sie sind sensibel und spüren Stimmungsschwankungen sofort. Für Lob und persönliche Zuwendung sind sie sehr empfänglich.
- Sie zeigen großes Interesse an der Natur, am liebsten spielen sie im Freien (vgl. auch Herm 2002, S. 163).[14]

4.2 Auf der Suche nach Ursachen und Entstehungsfaktoren

Für die Entstehung von ADS oder ADHS gibt es keine eindeutigen Erklärungen. Zahlreiche Expert/innen betrachten ADS/ADHS als eine genetisch bedingte, biochemische Anomalität des Gehirns und versuchen mit unterschiedlichen Verfahren[15] neurobiologische Veränderungen im Gehirn von Kindern mit ADS/ADHS-Symptomen zu finden. Sie stellen einen ursächlichen Zusammenhang zwischen neuro-biologischen Verände-

---

[14] Ich habe typische, häufig zu beobachtende auffällige Verhaltensweisen beschrieben. Zu beachten gilt es in diesem Zusammenhang, dass alle Kinder sehr individuelle Verhaltensweisen zeigen und die genannten negativen wie positiven Merkmale ihres Verhaltens nicht in gleicher Weise für alle Kinder mit Hyperaktivität oder Aufmerksamkeitsstörungen zutreffen.

[15] Hüther erwähnt in seinem Artikel neurochemische, elektrophysiologische, molekularbiologische und bildgebende Verfahren (S. 472).

rungen und den beobachtbaren Verhaltensauffälligkeiten her und schlussfolgern, dass eine Korrektur dieser – nach ihrer Meinung – organisch bedingten Verhaltensstörung durch medikamentöse Behandlung zu erreichen sei. (Dies ist in erster Linie die Sichtweise vieler Mediziner/innen und der Pharmaindustrie.) Tatsächlich konnten bisher allerdings strukturelle hirnorganische Veränderungen bei Kindern mit ADS oder ADHS nicht gefunden werden.

Die einseitige Ursachenforschung von Biolog/innen, Neurophysiolog/innen und Mediziner/innen ist höchst umstritten, weil sie die vielfältigen Bedingungen für menschliches Verhalten (z. B. psychologische und soziokulturelle Faktoren) außer Acht lässt. Am folgenden Schema der Entstehungsfaktoren für das „Hyperkinetische Syndrom" werden biologische wie auch psycho-soziale Faktoren benannt, für die Ursachen von ADHS gilt dieses Erklärungsmodell gleichermaßen.

Ursachen des hyperkinetischen Syndroms

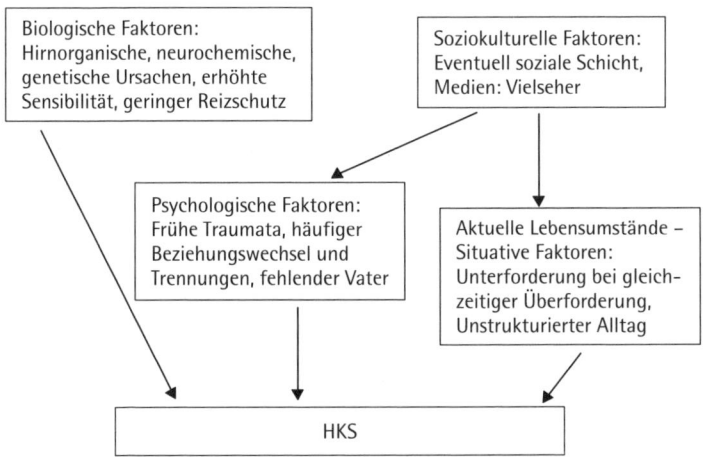

Nach Steinhausen in Häußler/Hopf 2001, S. 506

Biologische Faktoren

Fachleute haben festgestellt, „… dass es Kinder gibt, die bereits als Neugeborene und in der Kleinkindphase erheblich wacher, aufgeweckter, neugieriger und leichter stimulierbar oder einfach nur ‚unruhiger‘ sind als andere" (Hüther, S. 482). Ob dieses Merkmal genetisch bedingt oder während der Schwangerschaft oder kurz nach der Geburt ausgebildet wurde, ist noch nicht hinreichend geklärt. Wichtig ist jedoch, was das Kind aus dieser mitgebrachten „Begabung" macht.

Da die weitere Ausreifung des Gehirns auch davon abhängt, wie häufig und in welcher Weise es durch die Wahrnehmung neuer Reize aktiviert wird, laufen diese „besonders wachen" Säuglinge und Kleinkinder Gefahr, in einen Teufelskreis zu geraten. Ihr Gehirn nimmt Stimuli und Reize aus der Umwelt wesentlich intensiver auf, als das bei „normalen" Kindern üblich ist. Die Kinder lassen sich demzufolge durch alle möglichen neuartigen Reize stimulieren und anregen. Durch die intensive Nutzung des Gehirns entwickelt es sich besonders umfassend. Diese positive Entwicklung hat den Nachteil, dass die Kinder allen ankommenden Reizen ohne einen sogenannten Reiz-Schutz-filter ausgesetzt sind und das Überangebot an Umweltreizen nicht filtern können. Die biologische Einrichtung eines Reiz-schutzes hilft dem Menschen, sich vor Überforderungen durch Reize zu schützen und das innere Spannungsniveau so zu halten, dass Reize leichter verarbeitet werden können.

Wenn die primären Bezugspersonen (vorrangig Mutter und Vater) nicht in der Lage sind, diese Besonderheit zu erkennen und die Filterfunktion zu übernehmen, um das Maß an Umweltreizen, das für ihr Kind verträglich ist, zu steuern, gerät der Vorteil ihrer Kinder zu einem eklatanten Nachteil. „So ist es nur noch eine Frage der Zeit, wann ein derartiges Kind durch seinen überstarken Antrieb, seine enorme innere Unruhe, seine ständige Suche nach neuen Stimuli, also durch seine Ablenkbarkeit und mangelnde Konzentrationsfähigkeit auffällig wird" (ebd.

S. 482). Ein derart reizempfängliches Kind ist nicht in der Lage, aus sich heraus den Antrieb zu kontrollieren und zu steuern. Es muss gewissermaßen ständig Neues entdecken, sich begeistern, dabei herumzappeln und kann sich schwerlich auf eine Sache konzentrieren. Wenn es an Feinfühligkeit in der Interaktion zwischen Säugling/Kleinkind und primärer Bezugsperson mangelt, besteht die Gefahr der Entwicklung eines ADH-Syndroms.

Psychologische Faktoren

Mit dem Ursachenkomplex des ADH-Syndroms beschäftigen sich vor allem psychoanalytisch orientierte Kinder- und Jugendtherapeut/innen. „Psychoanalytisch gesehen liegt der Ursprung dieser Störung immer in den traumatischen[16] Erfahrungen in der frühesten Kindheit. Diese Ansicht wird auch von der Neurobiologie (damit ist auch der vorangegangene Ansatz gemeint; S. H.) sowie von Bindungs- (Attachment-) Forschungen unterstützt" (Tischler 2001, S. 509). Traumatische Erfahrungen sind einmalige seelische Schockerlebnisse, wie beispielweise der plötzliche Verlust der geliebten Bezugsperson. Oder wie im Fall des vierjährigen Julius, der den Unfalltod seiner jüngeren Schwester und die anschließende tiefe und anhaltende Depression seiner Mutter miterlebte. – Niemand war damals vorhanden, der ihn tröstete und dieses traumatische Ereignis mit ihm aufarbeitete.

Traumatische Erfahrungen können aber auch fortwährende, seelisch belastende Ereignisse sein, die aufgrund ihrer Perma-

---

[16] Der griechische Begriff „Trauma" kommt ursprünglich aus der Medizin (Chirurgie) und bezeichnet eine Gewebedurchtrennung (eine Wunde) durch äußere Krafteinwirkung. Die Psychoanalyse hat diesen Begriff als heftigen Schock, als Einbruch mit Folgen für die Organisation auf die psychische Ebene übertragen. Freud beschrieb damit ein Erlebnis als traumatisch „(…) welches dem Seelenleben innerhalb kurzer Zeit einen so starken Reizzuwachs bringt, daß die Erledigung oder Aufarbeitung desselben in normalgewohnter Weise missglückt, woraus dauernde Störungen im Energiebetrieb resultieren müssen" (Freud in: Mitscherlich 1972, S. 514).

nenz nicht zu bewältigen sind. Ein Beispiel dafür ist die Lebenssituation des heute neunjährigen Markus.

> Markus' Vater ist Feuerwehrmann, seine Mutter Polizistin. Die Eltern haben Berufe, die sie psychisch sehr belasten. Durch gemeinsame Gespräche zu Hause versuchten sie sich von Ereignissen wie Bränden, schlimmen Unfällen oder Morden zu entlasten. Dies geschah meistens in Gegenwart des kleinen Jungen. Dabei berücksichtigten sie nicht, dass ein Säugling oder Kleinkind zwar noch nicht den Inhalt des Gesprächs versteht, jedoch die dramatische und bedrohliche Atmosphäre spürt. Immer wieder, sogar bis heute, ist Markus diesen für ihn Angst und Panik auslösenden Situationen ausgesetzt gewesen.

Ein einmaliges Ereignis dieser Art wäre für ein gesundes Kind zu verkraften, die fortlaufende seelische Belastung allerdings nicht. Die Eltern von Markus waren (bzw. sind noch immer) offensichtlich nicht in der Lage, „feinfühlig" im Umgang mit ihrem Kind zu sein und den kleinen Jungen vor diesen dauernden traumatischen Erfahrungen zu schützen.

Bei Julius und Markus wurde ADHS diagnostiziert, beide sind sehr schwierige Kinder, mit denen die Erzieher/innen im Hort erhebliche Probleme haben.

Soziokulturelle und situative Faktoren

Soziokulturelle Faktoren, wie beispielweise geringes Familieneinkommen, mangelhafte Wohnverhältnisse und andere belastende familiäre Verhältnisse, fehlende Erziehungskompetenzen der Eltern/Bezugspersonen, unzureichende Integration in ein soziales System u. Ä. mehr können ebenfalls zu seelischen Belastungen und Spannungszuständen bei Kindern führen. Übermäßiger Video- und Fernsehkonsum bedeutet – einmal abgesehen von den oft aggressiven oder beängstigenden Inhalten –

eine ständige Überflutung mit Reizen, die in hypermotorischem Verhalten einen körperlichen Ausdruck findet. Weitere Ursachen für hyperkinetische Störungen können im Erziehungsstil der Eltern (Unterforderung/ Überforderung) oder in einem völlig unstrukturierten Alltag ohne Grenzen und Regeln gefunden werden (vgl. auch die vorangegangenen Abschnitte in diesem Kapitel sowie Kapitel 5).

Wie sind diese Erklärungsansätze nun zu bewerten? Einseitige biologisch-medizinisch orientierte Erklärungsversuche für die Entstehung von ADHS vernachlässigen die ganzheitliche Sicht auf die Entwicklung des Menschen. Entwicklungspsychologische und psychoanalytische Erklärungsansätze tragen zu wichtigen Erkenntnissen und zu einer umfassenderen Sichtweise dieser Problematik bei. Kinder benutzen Körpersprache, um ihren inneren Problemen Ausdruck zu geben, um sich auf diese Weise von psychischen Spannungen zu entlasten. Insofern sind die auffälligen, zumeist störenden, hyperaktiven Verhaltensweisen Überlebensstrategien und Rettungsversuche. Daher sind sie auch als Notsignale der Kinder zu bewerten. „Das hyperkinetische Kind kann nicht wie das dissoziale weglaufen, aber es kann in die eigene Bewegung fliehen" (Bittner 1998, S. 201).

Aus Sicht der Neuro-Biologie kann die nicht gefilterte Reizüberflutung besonders „wacher" Säuglinge und Kleinkinder zur Herausbildung eines ADH-Syndroms führen.
Aus Sicht der Psychoanalyse liegt der Ursprung dieser Störung in den traumatischen Erfahrungen der frühesten Kindheit.
In beiden Ansätzen ist die sichere Mutter/Vater-Kind-Bindung ein Schutz vor kindlichen Entwicklungsstörungen.

4.3 Unterstützung für hyperaktive und aufmerksamkeitsgestörte Kinder

Je nach dem Schweregrad und der Ausprägung dieser kindlichen Entwicklungsauffälligkeit müssen die pädagogischen und therapeutischen Unterstützungs- und Fördermaßnahmen entwickelt werden. Dabei können wir davon ausgehen, dass ein Teil der Kinder ihre Schwierigkeiten gar nicht wahrnehmen, andere, vor allem etwas ältere Schulkinder, leiden unter ihren Problemen und der zunehmenden Kritik und den Ausgrenzungstendenzen in sozialen Umfeld. – Sie bekommen ihre „Andersartigkeit" zu spüren.

Wie bei anderen verhaltensauffälligen Kindern gilt es auch bei ADHS-Kindern, ihr Selbstwertgefühl zu stärken oder ihnen zu helfen, ihr Selbstwertgefühl wiederzugewinnen. Hilfreich ist hierbei zunächst, den Kindern zu erklären, dass ihr Zappeln und Herumrennen keine Krankheit oder Störung ist, sondern dass es zu ihrer individuellen Art des Spannungsabbaus gehört (oder zu Fähigkeiten im Sinne von Hartmann)[17]. Auf dieser Basis fällt es Kindern leichter, mit der Erzieherin Regeln und Grenzen für eine bessere Integration in die Gruppe und in den Kita-Alltag zu besprechen.

Behandlung der Kinder mit Psychopharmaka

Wenn der zu Rate gezogene Arzt die medizinische Diagnose ADS oder ADHS stellt, wird meistens das Medikament „Ritalin" verordnet, ein Mittel, das zu den sogenannten „Psychostimulanzien", zur Gruppe der Amphetamine, gehört. Um diese medika-

---

[17] Hartmann vertritt in seinem Buch „Eine andere Art die Welt zu sehen" einen Ansatz, der die auffälligen Verhaltensweisen der Menschen mit ADS als eine ererbte (genetisch bedingte) Kombination aus Fähigkeiten, Fertigkeiten und Persönlichkeitsmerkmalen beschreibt. Nach seiner Theorie waren diese Verhaltensmerkmale vor Ur-Zeiten für die damaligen Jäger, Krieger oder Fährtensucher überlebenswichtig und wurden daher positiv bewertet (vgl. S. 32 ff.).

mentöse Behandlung der Kinder ist eine heftige, auch öffentlich geführte Kontroverse entbrannt. Es gibt einen offenen Streit zwischen Befürworter/innen (zumeist Mediziner/innen und die Pharma-Industrie) und den Ablehnenden (zumeist Psycholog/innen und Kindertherapeut/innen) bezüglich der Verabreichung von Psychopharmaka an Kinder.

Viele Eltern empfinden es als entlastend, wenn bei ihrem schwer zu bändigenden und in der Schule auffälligen Kind vom Arzt die „Krankheit" ADHS festgestellt wird und ein Medikament dagegen verordnet werden kann. Es ist sozusagen eine Art Freispruch von eigener Schuld oder Beteiligung an den Schwierigkeiten des Kindes. Außerdem leben wir in einer Zeit, in der das Pillenschlucken zum Alltag gehört. Tabletten werden nicht nur bei akuten oder chronischen Erkrankungen eingenommen, sondern auch als Nahrungsergänzung, zu kosmetischen Zwecken oder zum „Auf- und Abputschen". – Warum nicht also auch eine Pille, die man schwierigen Kindern verordnet? In den USA werden schon heute mehr als fünf Millionen ADHS-Kinder mit Psychostimulanzien versorgt. In manchen Kindergärten verteilt die Erzieherin den Kindern die tägliche Ration an Ritalin. Man kann behaupten, dass diese „Pharmatherapie für die Seele" in erster Linie der Pharmaindustrie nützt.

Inzwischen ist jedoch das Bundesgesundheitsministerium auf die Verschreibungspraxis von Ritalin aufmerksam geworden und teilt seine Besorgnis mit. Es ist weiterhin zu begrüßen, dass in der letzten Zeit immer mehr in der breiten Öffentlichkeit auf die kurz- und langfristigen Schädigungen durch Psychopharmaka im Kindesalter hingewiesen wird. Wenn man zusätzlich bedenkt, dass der überwiegende Teil der Kinder mit einer falschen Diagnose diese Medikamente erhält, ist die breite öffentliche Aufklärung zur Gesamtthematik des ADHS unverzichtbar.

Ich möchte jedoch darauf hinweisen, dass – nach sorgfältig erhobener Diagnose – für eine begrenzte Zeit und mit zusätzlicher therapeutischer Begleitung auch die Medikamentengabe für die betroffenen Kinder sinnvoll sein kann.

Pädagogische und heilpädagogische Maßnahmen

Inzwischen gibt es hyperaktive oder aufmerksamkeitsgestörte Kinder nahezu in jeder Kindergarten- oder Hortgruppe. Daher haben die meisten Pädagog/innen Erfahrungen mit den Schwierigkeiten, die diese Kinder mit sich und ihrem sozialen Umfeld haben, zumal die räumlichen und personellen Bedingungen in Kitas oft zusätzliche Einschränkungen darstellen. Einige Hinweise für Hilfestellungen möchte ich zusammenfassen:

- Wie für alle schwierigen Kinder mit auffälligen Verhaltensweisen ist es auch hier notwendig, nach den Hintergründen und Botschaften der Kinder zu forschen (siehe das Beispiel Tobias).

- Deutlich hingewiesen wurde auf Entstehungsfaktoren durch frühkindliche Bindungsstörungen. Daher ist die Beziehungsgestaltung zwischen Erzieher/in und Kind eine wesentliche heilpädagogische Maßnahme.

- Viele Eltern sind verunsichert, ratlos, von Schuldgefühlen geplagt und häufig überfordert mit ihren unruhigen Kindern. Dass im Unbehagen durchaus auch positives Potenzial liegen kann, zeigt ein Zitat des Bioethik-Beraters vom US-Präsidenten (Blech/Thimm, 2002, S. 129): „Die ganze Skala unbehaglicher und unbequemer Gefühle kann auch Ausgangspunkt für Kreativität, Wunder und Fortschritt sein." In diesem Sinne können wir Eltern in der Begleitung ihrer schwierigen Kinder unterstützen und ihnen Schuldgefühle nehmen, denn Schuldgefühle sind grundsätzlich eine schlechte Voraussetzung für die Entwicklungsbegleitung.

- Den körperlichen Ausdruck psychischer Probleme und die motorische Möglichkeit des Spannungsabbaus bei (innerer und äußerer) Reizüberflutung können wir auch als gesunde Fähigkeiten von Kindern betrachten. Erwachsene sind dazu kaum noch in der Lage, sie müssen diese Fähigkeiten in Bioenergetikgruppen, Tanztherapie oder bei vergleichbaren Angeboten wieder erlernen.

■ Die ganzheitliche Psychomotorik mit ihren Möglichkeiten zu lustvoller Körperwahrnehmung, zum Toben und spielerischen Spannungsabbau, zu gemeinsamen Erlebnissen der Berührung, der Entspannung, des Kontaktes u. a. m. bietet eine wichtige Entwicklungsunterstützung.

■ In manchen Fällen ist eine kindertherapeutische Begleitung der Kinder notwendig. Erzieher/innen können Eltern bei diesem Schritt in eine oft unbekannte Institution durch Aufklärung über diese wichtige Unterstützungsmaßnahme helfen.

Letztlich wissen wir alle, dass Kinder sich nur gesund entwickeln, wenn sie sich erwünscht fühlen, wenn sie lärmen und toben dürfen, wenn die Umwelt dies aushält und sich nicht ständig über Kinderlärm und wenig „wohlerzogene" Kinder beschwert. Daher ist eine weitere wichtige, unterstützende Maßnahme auch immer wieder das gesellschaftspolitische „Sich-Einmischen", um eine erträglichere Lebensumwelt für Kinder zu fordern, wie beispielsweise:

■ erreichbare Spielplätze und Freiflächen;

■ erschwingliche, große Wohnungen für Menschen mit Kindern;

■ Ressourcen für Elternbildung und Beratung in Kindertagesstätten;

■ gute räumliche und personelle Bedingungen in Kitas;

■ kleinere Schulklassen und Lehrer/innen, die Zeit und Geduld für ihre Kinder (und Eltern) haben;

■ Reduzierung des Lärms des Straßenverkehrs in Wohngebieten;

■ Reduzierung der Reizüberflutung in Supermärkten, Kaufhäusern und anderen öffentlichen Einrichtungen;

■ Mit Kindern kommunizieren und Freude an ihnen haben.

5 Kinder auf dem Rückzug – depressives Verhalten

Menschliche Verhaltensweisen sind auch abhängig von unterschiedlichen Charaktereigenschaften und Temperamenten. Bereits in der Kindergruppe erleben wir diese individuellen Unterschiede. Einige Kinder sind besonders lebhaft, aktiv und nach außen gewandt (extrovertiert), andere ruhig, „betulich", verträumt und eher nach innen gewandt (introvertiert). Auf ihre jeweils eigene Weise erobern sie die Welt, entwickeln ihre Fähigkeiten und setzen sich mit Konflikten auseinander. Gesunde Kinder sind voller Neugier und Lebenslust. Dazu ist eine „Freude-an-sich-selbst-Haben", wie Bittner (1996, S. 80) es bezeichnet, notwendig. Kinder erfreuen sich an ihrem Sein und an ihrem Tun.

„Sieh mir mal zu, wie ich springe", ruft die dreijährige Kay ihrer Erzieherin zu und springt mit strahlenden Augen von der Mauer in den Sandkasten. Das Mädchen findet ihre neuerworbene Fähigkeit so aufregend und wichtig, dass sie annimmt, auch andere Personen könnten im Augenblick nichts Wichtigeres und Spannenderes vorhaben, als ihr bei diesen mutigen Sprüngen zuzuschauen (und sich an ihr zu freuen). Die „Freude-an-sich-selbst" ist Lebensfreude, Lebenslust und Motor für viele neue Entwicklungsschritte. Sie erleichtert den Kontakt zu Kindern wie Erwachsenen. Bei manchen Kindern ist diese Lebensfreude allerdings nicht mehr zu spüren. Das Interesse an der eigenen Person und das „Sich-selbst-wichtig-Nehmen" ist schon lange abhanden gekommen. Bei diesen Kindern kann auf eine tiefgreifende seelische Störung, eine kindliche Depression geschlossen werden.

Erst in jüngster Zeit hat sich die Fachwelt der kindlichen Depression umfassend zugewandt. Depressive Verstimmungen und anhaltende Depressionen bei Kindern wurden oft verkannt, weil sich die Symptome vom Erscheinungsbild der Depression im Erwachsenenalter unterscheiden, sie wechseln sogar in den unterschiedlichen Alterstufen. Beispielsweise drückt der Säugling seine depressive Verstimmung durch psychosomatische Symptome (z. B. Hautausschläge, Koliken) und durch Nahrungsverweigerung aus. Beim Kleinkind erleben wir oft eine übermäßige Ängstlichkeit oder Weinerlichkeit, aber auch sehr stilles, braves Benehmen. Im Schulkindalter kommen Leistungsschwäche, Schulversagen und eine allgemeine Passivität hinzu. Wielholz und Adams weisen darauf hin wie schwierig es oft ist, eine Diagnose zu stellen. „Bei Kindern ist das depressive Geschehen gewöhnlich durch kinderspezifische Symptome überdeckt, aus der Sicht der Erwachsenenpsychiatrie könnte man deshalb von larvierter (verdeckter S.H.) Depression sprechen, aber es handelt sich um primäre, altersadäquate und somit echte Depression im Kindesalter" (Wielholz und Adams in Bittner 1998, S. 72).

Die wichtigsten symptomatischen Gemeinsamkeiten von Kindern mit einer Depression lassen sich folgendermaßen zusammenfassen:

- Sie zeigen ein trauriges, niedergeschlagenes und unglückliches Äußeres. Das schließt jedoch nicht unbedingt mit ein, dass sie über ein Gefühl von Unglücklich-Sein oder Bedrücktheit klagen.
- Sie weisen deutlich Rückzugstendenzen auf, bringen anderen Personen und Dingen wenig Interesse entgegen und erwecken manchmal den Eindruck, als ob sie sich langweilen.
- Sie sind nicht leicht zufrieden zu stellen, können sich nicht recht freuen und werden oft als „missvergnügt" beschrieben.
- Sie vermitteln den Eindruck, sich abgelehnt oder ungeliebt zu fühlen.

■ Sie sind selten bereit, Hilfe oder Trost anzunehmen. Selbst wenn es so scheint, als ob sie das Angebotene akzeptieren wollen, brechen immer wieder Enttäuschung und Unzufriedenheit durch.

■ Schlafstörungen treten gehäuft auf.[18]

5.1 Ursachen der kindlichen Depression

Psychoanalytische Ansätze, die sich mit frühkindlichen Störungen befassen, führen als grundlegende Entstehungsbedingung für die kindliche Depression das immer wiederkehrende Gefühl des Säuglings und Kleinkindes von Macht- und Wertlosigkeit an. Es kann nichts tun, seine Bezugspersonen (in erster Linie Mutter und Vater) dazu zu bewegen, genau das zu tun, was es gerade dringend benötigt, d. h. die kindlichen Signale werden nicht erhört und die Grundbedürfnisse nicht oder nur mangelhaft befriedigt (fehlende Feinfühligkeit der primären Bezugsperson).

Kleine Kinder geben sich oft alle erdenkliche Mühe, um mit ihrem Charme die Erwachsenen zu erfreuen. Sie hoffen und wünschen, dass sie sich ihnen zuwenden, ihre Bedürfnisse erfüllen und Spaß an ihnen haben. Das Kind fühlt sich erfolgreich, wenn es Kontakt (Mit-Fühlen) bewirken kann, wenn ihm die Herzen der Erwachsenen oder wenigsten der wichtigen Bezugspersonen zufliegen (Selbstwirksamkeitserleben). Wie sieht es jedoch in einem Elternhaus aus, in dem – aus welchen Gründen auch immer – ein sorgenvolles, ernsthaftes, kontaktarmes, depressives Klima vorherrscht? Das Kind kann seinen ganzen Charme entfalten und wird dennoch die Erwachsenen nicht erreichen. Das bedeutet frühe Frustrationserfahrungen ohne Hilfe bei der Bewältigung. Das vorherrschende Gefühl ist: „Ich bin wertlos und kann nichts bewirken."

---

[18] Vgl. auch Bittner 1998, S. 73.

Diese Mangel- und Entbehrungserlebnisse spüren Säuglinge und Kleinkinder häufig auch bei Trennungen (z. B. Krankenhausaufenthalte ohne Begleitung durch die Eltern), bei häufigem Wechsel der Bezugsperson oder bei schwerer Erkrankung der Mutter und anderen Schicksalsschlägen in der Familie, die die Grundstimmung in der Familie nachhaltig beeinflussen. Das Kind ist Angsterlebnissen und Beziehungsverlusten ausgesetzt, die es allein nicht verarbeiten kann. Das Ur-Vertrauen als Basis für ein lustvolles, neugieriges, aktives Zugehen auf die Welt ist nicht vorhanden. In dieser Situation ist das Kind nicht mehr in der Lage, mutig, zuversichtlich und risikobereit zu handeln oder Bedürfnisse anzumelden. Wenn es an Vertrauen in die Bezugsperson und zu sich selbst mangelt, ist die Entwicklung der gesamten Persönlichkeit gefährdet.

> Die grundlegende Entstehungsbedingung für Depressionen im Säuglings- und Kleinkindalter ist der anhaltende Mangel an Beziehung und feinfühliger Bedürfnisbefriedigung, was zu einem Gefühl von Macht- und Wertlosigkeit führt.

5.2 Kindliche Depression – ein Fallbeispiel

Der Körper ist der erste Austragungsort für seelische Nöte. Dies gilt in besonderer Weise für Kinder.

> Bei dem dreieinhalbjährigen Paul ist die seelische Not nicht nur an seinem traurigen Gesichtsausdruck abzulesen, sondern ebenfalls an seiner Haltung. Mit hängenden Schultern und geringer Körperspannung steht er zumeist am Rande der Kindergruppe. Er ist schüchtern und gehemmt, wenn die Erzieherin ihn anspricht. Vom Spiel der übrigen Kindern hat er sich bereits völlig zurückgezogen. Die Erzieherin kann Paul vor eine Spielzeugkiste setzen, wo er still und brav über

lange Zeit sitzen bleibt, ohne wirkliches Interesse an den Spielmaterialien zu zeigen. Paul hat weder Freude an sich selbst noch Vertrauen in seine Umwelt. In seinem kurzen Leben hat er bereits so viele Trennungen von Bezugspersonen erleben müssen, dass die Entwicklung einer verlässlichen Bindung oder von Vertrauen (Ur-Vertrauen) in Erwachsene ausgeschlossen bleibt.

Pauls Mutter war schwer heroinabhängig und der Säugling musste die ersten sechs Lebensmonate im Krankenhaus verbringen. Sein Leben begann sozusagen mit einer Entziehungskur. In dieser Zeit waren abwechselnd zwei Säuglingsschwestern zuständig, die den kleinen Jungen versorgten und ihm Zuwendung entgegen brachten, wie sie unter den Bedingungen in einem Krankenhaus möglich sind.

Nach dem Krankenhausaufenthalt kam Paul zurück zu seiner kranken Mutter, die ihn nur bei sich behalten konnte, weil ihre Schwester den größten Teil der Versorgung übernahm. Beide Frauen erfüllten mehr oder weniger ihre Pflicht als Verwandte. Eine gute Mutter-Kind-Beziehung konnte unter diesen Umständen nicht entstehen. Neun Monate später verstarb die Mutter und der 15 Monate alte Junge wechselte in eine Übergangspflegestelle. Hier waren wiederum zwei Frauen seine Bezugspersonen: die neue Pflegemutter und ihre 15-jährige leibliche Tochter. In dieser Pflegestelle verbrachte Paul weitere neun Monate, bis er in seiner jetzigen Pflegefamilie mit Mutter, Vater und drei leiblichen Kindern im Alter zwischen 12 und 16 Jahren Aufnahme fand.

Auf die Qualität der geschilderten Bindungen in den verschiedenen Lebensabschnitten soll nicht weiter eingegangen werden, allein die Anzahl der wechselnden Bezugspersonen machte die Entwicklung einer dauerhaften, verlässlichen Bindung zu den Pflegepersonen schwierig. Dennoch stabilisierte sich die Entwicklung des Kindes in der neuen Familie.

Paul wurde von allen fünf Familienmitgliedern herzlich will-kommen geheißen und begann allmählich Kontakt und Ver-trauen zu entwickeln. Zum ersten Mal erlebte der Junge auch eine männliche, väterliche Bezugsperson und einen älteren Pflegebruder und begann sich an ihnen zu orientieren. Die neue Pflegemutter, Erzieherin von Beruf, ließ sich für ein Jahr beurlauben, um ganz für ihr neues Kind zur Verfügung zu ste-hen. Wahrscheinlich hat Paul in diesem Jahr die beste Zeit sei-nes Lebens verbracht und wieder Zuversicht und Lebensfreude entwickeln können. Das Umfeld war endlich stabil und ihm zugewandt. Mit drei Jahren wurde Paul in einer Kita angemel-det und die Mutter nahm ihre Berufstätigkeit wieder auf.

Leider trennten sich die Pflegeeltern wenige Wochen später, der Vater zog aus der gemeinsamen Wohnung aus, Paul blieb bei der Pflegemutter zurück und die drei Schulkinder ver-brachten von nun an eine halbe Woche bei der Mutter und die zweite Hälfte beim Vater. In der Beratung betonte die Pfle-gemutter, dass die beiden Erwachsenen sich einvernehmlich getrennt hatten und der Vater bei gelegentlichen Besuchen weiterhin Kontakt zu Paul hat. Für den Jungen kann dies aller-dings nichts Tröstliches bedeuten, denn für ihn ist es die Fort-setzung der Trennungserfahrungen, die sein bisheriges Leben bestimmen. Die depressive Reaktion des Kindes ist ein sicht-barer Ausdruck seiner Enttäuschungen und Entbehrungen. Die Pflegeeltern werden sich um psychotherapeutische Hilfe für Paul und Beratung für die Familie bemühen.

5.3 Depression und Trauer

Wie unterscheiden sich Trauer und Depression? Mit dem see-lischen Phänomen Trauer hat sich Sigmund Freud sehr intensiv beschäftigt. 1917 schrieb er: „Trauer ist regelmäßig die Reaktion auf einen Verlust einer geliebten Person oder einer an ihre Stelle gerückten Abstraktion, wie Vaterland, Freiheit, ein Ideal usw. Es ist auch sehr bemerkenswert, daß es uns niemals einfällt, die Trauer als einen krankhaften Zustand zu betrachten und dem Arzt zur Behandlung zu übergeben, obwohl sie schwere Abweichungen vom normalen Lebensverhalten mit sich bringt" (Freud 1917, S. 428). Trauer ist die natürliche Reaktion auf Verluste unterschiedlichster Art. Etwas, das zu einem gehörte – geliebte Menschen, Dinge, Werte, Ideale, körperliche Unversehrtheit, Hoffnungen usw. – geht verloren. Hierzu gehört auch das Heimweh, das beispielsweise auf Kinderreisen zu erleben ist. Je größer diese Verluste sind, umso tiefer gräbt sich die Trauer in unserem Innersten ein und entwickelt sich zu einem umfassenden Aufruhr auf geistiger, körperlicher und seelischer Ebene und bedroht damit unser Seelenleben.

„Wir verbinden häufig die Emotion Trauer mit dem Gefühl von Traurig-sein. Eine Emotion ist ein anhaltender tiefer Gefühlszustand über längere Zeit, die uns als ganze Person erfasst. Ein Gefühl dagegen ist situationsbezogen und eher von kurzer Dauer. Trauer ist ein Prozess mit unterschiedlichen Gefühlen, wobei das Traurig-sein nur eines davon ist. Zu diesen Gefühlen gehören u. a. Nicht-wahrhaben-wollen, Sich-sehnen, Gefühllosigkeit, Angst, Schuldgefühle, Verzweiflung, Gefühlskälte, Wut und Hilflosigkeit" (Herm/Just 2002, S. 14). Ein körperlicher Ausdruck der Trauer ist das Weinen. Zwischen Trauer und Depression bestehen Unterschiede, obwohl sich äußere Verhaltensweisen manchmal ähneln. Während Trauer die Reaktion, der Schmerz auf den Verlust eines äußeren, geliebten Objekts ist, bezieht sich die Depression auf das Selbst, das frustriert oder verletzt wurde. „Depression ist der Schmerz über Vereitelung eigener Wünsche und Hoffnungen (das Grundgefühl ist nicht der helle und irgendwie warme Schmerz der Trauer, sondern Dumpfheit und Niedergeschlagenheit): Depression ist nicht gesteigerte Traurigkeit, sondern chronisch gewordene Niedergeschlagenheit" (Bittner 1998, S. 58).

Mit „Trauer-Arbeit"[19] wird der Prozess des Loslassens, der Verarbeitung des erlittenen Verlustes beschrieben. Die Frage, ob Kinder schon Trauer-Arbeit leisten können, wird in der Fachwelt unterschiedlich beantwortet. Einerseits wird die Auffassung vertreten, dass zur seelischen Leistung der Trauerarbeit eine gewisse Ich-Reife vorausgesetzt werden muss, über die jüngere Kinder noch nicht verfügen. Andererseits wird jegliche Reaktion von Kindern auf einen schwerwiegenden Verlust, beispielsweise den Verlust eines Elternteils, als Trauerarbeit bezeichnet (vgl. Bittner 1998, S. 65 ff.). Für unsere pädagogische oder heilpädagogische Arbeit mit Kindern sind diese Differenzen wenig bedeutsam. Allerdings müssen wir uns auf sehr unterschiedliche Reaktionen einstellen, denn es kann passieren, dass manche Kinder nicht in der aus Erwachsenensicht gewohnten Weise trauern, sondern durch Verhaltensweisen wie z. B. Aggression, Lügen, Stehlen oder sogar übermäßiges Lachen auffallen.

Für den Umgang mit Kindern, die einen schwerwiegenden Verlust erlitten haben, kommt es darauf an, zusammen mit ihnen den Schmerz und die Tränen auszuhalten, viel Zuwendung zu bieten und letztlich darauf zu vertrauen, dass ihre Selbstheilungskräfte wirksam werden. Bestimmte Rituale, haltgebende Handlungen z. B. bei der Verabschiedung von den Eltern am Morgen oder vor dem Mittagsschlaf, können diesen Trauerprozess positiv begleiten. Absprachen mit den Bezugspersonen des Kindes sind hilfreich und schlagen eine Brücke im Umgang mit trauernden Kindern zwischen Elternhaus und Kita.

Entlastung bieten auch kreative Ausdrucksformen wie Malen, Modellieren o. Ä. sowie Gespräche in der Kindergruppe über das Traurigsein. Viele Kinder kennen dieses Gefühl, wenn beispielsweise etwas Wichtiges verloren gegangen ist, eine Trennung

---

[19] Freud benutzte den Begriff „Trauerarbeit" erstmalig 1915. Vgl. Mitscherlich 1972, S. 514.

zu verarbeiten war oder vielleicht ein geliebtes Haustier gestorben ist und können sich daher an den Gesprächen beteiligen.

Trauer ist der Schmerz über den Verlust einer geliebten Person oder einer an ihre Stelle gerückte Abstraktion.
Depression ist die Reaktion auf wiederkehrende Mangel- und Entbehrungserlebnisse, auf die Vereitelung eigener Wünsche und Hoffnungen.

5.4 Schutzfaktoren

Frühe Trennung und Verlust von primären Bezugspersonen, Vernachlässigung, Misshandlung und andere belastende Familien- und Umweltverhältnisse haben grundsätzlich gravierende, negative Folgen für die Entwicklung von Kindern. Die Deprivationsforschung[20] beschäftigt sich mit Risikofaktoren für die Entstehung psychischer und psychosomatischer Erkrankungen.

Als Risikofaktoren werden vor allem erwähnt:
- niedriger sozio-ökonomischer Status;
- Verlust der Mutter;
- häufig wechselnde frühe Beziehungen;
- sexueller und/oder aggressiver Missbrauch;
- Unerwünschtheit des Kindes;
- alleinerziehende Mütter oder Väter;
- mütterliche Berufstätigkeit im ersten Lebensjahr;
- schlechte Schulbildung der Eltern;
- beengte Wohnverhältnisse, große Familie;
- Kriminalität oder Dissozialität eines Elternteils;

---

[20] Deprivation = Mangel, Verlust, Entzug von etwas Erwünschtem (Duden, Fremdwörterbuch 2001)

- chronische Disharmonie in der Familie;
- genetische Dispositionen.

Dennoch entwickeln sich Kinder unter ähnlich schwierigen frühkindlichen Lebensumständen unterschiedlich: Bei einigen haben die belastenden Bedingungen weniger negative Auswirkungen auf die Entwicklung als bei anderen Kindern. Wie ist das zu erklären?

Dieser Frage ist die „Protektions"-Forschung (Protektion = Schutz) nachgegangen. Sie fragt danach, welche Schutzfaktoren Kinder besitzen, wenn sie sich unter ähnlich belastenden Lebensumständen gesünder und besser entwickeln als andere Kinder. Von einem Schutzfaktor wird gesprochen, wenn es Bedingungen oder Merkmale gibt, die bei Anwesenheit mehrerer Risikofaktoren deren negativen Einfluss abschwächen. In der psychologischen Forschung wird auch von einer Widerstandsfähigkeit (Resilienz) der Kinder gesprochen. Diese positiven Schutz-Bedingungen können in drei Gruppen zusammengefasst werden:

1. Kindliche Eigenarten, die überwiegend angeboren sind

Zu diesen schützenden Eigenschaften wird ein robustes Temperament gezählt. Darüber verfügen Neugeborene, die sich leicht beruhigen lassen und gut ansprechbar sind. Der Umgang mit diesen Säuglingen und Kindern ist einfacher und oft mit mehr Freude verbunden als mit jenen, die sich eher zurücknehmen und große Mengen an Stimulierung benötigen oder ein „irritierbares" Temperament besitzen.

Weiterhin gilt eine mindestens durchschnittliche oder besser noch hohe Intelligenz als Schutzfaktor, da sich damit die Wahrscheinlichkeit für eine gute kognitive wie soziale Entwicklung, die auch in späteren Schulerfolg mündet, erhöht. Damit verbunden sind außerfamiliäre soziale Anerkennung, Stärkung des Selbstwertgefühls und Förderung der sozialen Einbindung.

Letztlich bietet auch ein weibliches Geschlecht einen Schutzfaktor. Mädchen sind – zumindest bis zur Pubertät – bei einer

vergleichbaren Gesamtbelastung weniger anfällig für Verhaltensauffälligkeiten und Neurosen als Jungen.

2. Besonderheiten außerhalb der Familie
Hierunter fällt z. B. das Vorhandensein eines sozialen Unterstüt-
zungsnetzes durch Verwandte oder Bekannte außerhalb der
Kleinfamilie, verlässliche Bindungen zu Erzieher/innen oder
Lehrer/innen sowie die Existenz einer religiösen Wertegemein-
schaft. Auch die Übernahme verantwortungsvoller Aufgaben
oder die Teilnahme und Mitarbeit in Kinder- und Jugendgrup-
pen unterstützen das positive Selbst- und Selbstwirksamkeits-
empfinden und schützen daher vor Fehlentwicklungen.

3. Besonderheiten im Familienmilieu
Unter Eigenarten des Familienmilieus werden im Wesentlichen
die Qualität der Mutter-Kind-Beziehung und die Qualität der
Elternbeziehung verstanden. Bittner (1998) schreibt hierzu:
„Die diesbezügliche Grundaussage der Protektionsforschung
lautet: Die Existenz einer positiven Beziehung zu mindestens einem Elternteil oder einem anderen vertrauten Erwachsenen ist
ein erstrangiger Schutzfaktor für die weitere Entwicklung. Ist
sie vorhanden, so sind andere Risikofaktoren – auch solche innerhalb der Familie wie Scheidung oder Ehestreit – in ihren negativen Auswirkungen auf das Kind abgeschwächt" (ebd. S. 107).

Genaue Aussagen über die Wirkung von Schutzfaktoren zu
treffen ist schwierig, denn die Kinder müssen dazu über einen
sehr langen Zeitraum, d. h. bis ins Erwachsenenalter, beobachtet
und begleitet werden. Auch wenn die weitere Entwicklung güns-
tig verläuft, können bei vielen Menschen „Narben" auf der Seele
zurückbleiben.

Für die pädagogische Arbeit in der Kindertagesstätte haben
diese Forschungsergebnisse jedoch etwas sehr Tröstliches, denn
selbst bei besonders belastenden Lebensumständen können Kinder ein gewisses Maß an Schutz und an positiven Entwicklungs-

impulsen durch eine liebevolle, verlässliche Beziehung zu Erzie-
her/innen und eine entwicklungsanregende Umgebung in der
Kindertagesstätte erhalten – auch dann, wenn sich in der Familie die deprivierenden Verhältnisse wenig ändern.

> Die Existenz einer positiven, verlässlichen Beziehung zu min-
> destens einem Elternteil oder einem anderen vertrauten Er-
> wachsenen (z. B. der Erzieherin) ist ein erstrangiger Schutzfak-
> tor für die kindliche Entwicklung.

6 Wilde Kerle im Kindergarten – Aspekte einer geschlechts- bezogenen Jungenpädagogik

Immer häufiger werden Jungen von Eltern, Erzieher/innen und Lehrer/innen als schwierig und auffällig beschrieben. Was kennzeichnet die spezifische Situation von Jungen in Kindertageseinrichtungen und wie kann ihnen Sicherheit und Orientierung in ihrer Identitätsentwicklung gegeben werden?

Seit einigen Jahren wird in der Fachliteratur das Thema der geschlechtsbezogenen Jungenpädagogik diskutiert (vgl. Biddulph 1999, Rohrmann/Thoma 1990, Schnack/Neutzling 1995 und Thielke 1999). Dieser Blick auf die Jungen und ihre spezifischen Bedürfnisse bedeutet nicht, dass Mädchen nicht ebenfalls besondere Aufmerksamkeit verdienen, ein Engagement für einen besseren gesellschaftlichen Status von Mädchen und die Anerkennung der Gleichwertigkeit ihrer Begabungen Fähigkeiten ist noch immer vonnöten. Doch auch die Jungen treffen zunehmend auf entwicklungshemmende Lebensumstände, die die Autoren Schnack und Neutzling in ihrem Buch „Kleine Helden in Not" 1990 erstmals thematisiert haben.

Dass sich Jungen in manchen Situationen anders als Mädchen verhalten, kann man tagtäglich in der Kindergruppe feststellen. Aber was genau ist anders? Mit dieser Frage eröffneten wir eine Fortbildung mit Erzieherinnen zum Thema „Jungen in der Kita". Die Teilnehmerinnen wurden gebeten, spontan niederzuschreiben, was ihnen dazu einfiel. Ihre Aussagen fielen ziemlich einvernehmlich aus:

Jungen …
- müssen groß und stark sein;
- haben einen größeren Bewegungsdrang;

- zerstören Spielzeug u. Ä. ohne an die Folgen zu denken, während Mädchen eher mögliche Ärger, Bestrafung usw. miteinbeziehen;
- halten Regeln, die andere Leute setzen, weniger ein und können Regeln auch weniger akzeptieren;
- zeigen weniger Gefühle;
- äußern sich weniger verbal;
- handeln schneller, auch mit Fäusten;
- haben weniger feinmotorische Fertigkeiten, dafür aber eine bessere Grobmotorik;
- sind in Konfliktsituationen oft nicht einsichtig;
- sind weniger nachtragend;
- grenzen sich etwa ab dem Vorschulalter von den Mädchen ab;
- fällt es schwerer, Kritik von Mädchen und Frauen zu akzeptieren als von Jungen und Männern;
- zeigen weniger Ausdauer bei Angeboten der Erzieher/innen bestimmen ihr Tun lieber selbst und nehmen ungern eine von den Erzieherinnen angeleitete Aktion an;
- zeigen wenig Sensibilität, wenn sie Gewalt angewendet oder Schmerzen verursacht haben.

Jungen haben demnach ein großes Bewegungsbedürfnis, wollen ihre körperliche Stärke beweisen, klären ihre Konflikte oft durch Rangeln und Kämpfen, akzeptieren selten fremdgesetzte Regeln, zeigen weniger Gefühle und haben etwa mit fünf, sechs Jahren allerhand Probleme mit Mädchen und Erzieherinnen. Auch wenn diese Beschreibung selbstverständlich nicht auf alle kleinen Jungen zutrifft, so ist eine Tendenz erkennbar: Jungen verhalten sich auffälliger als Mädchen – zumindest aus der Sicht von Erzieherinnen.

Aus der Sicht von Erzieher/innen haben Jungen vor allem ein
größeres Bewegungsbedürfnis als Mädchen, wollen ihre Stärke
beweisen, klären Konflikte eher durch Rangeln und Kämpfen
und akzeptieren selten fremdgesetzte Regel.

6.1 Störfaktoren in der frühkindlichen Entwicklung von Jungen

Thielke (1999, S. 4 ff.) bestätigt die oben dargestellten Verhaltensweisen der Jungen im Wesentlichen. Allerdings ist er bei seinen Forschungen anhand von Statistiken zu weiteren über-
raschenden Ergebnissen gekommen:

- Jungen sind erheblich häufiger krank als Mädchen.
- Jungen haben gegenüber den Mädchen oft einen geistigen
  und (fein-) motorischen Entwicklungsrückstand.
- Jungen sind weniger fleißig und bleiben in der Schule zu
  50 % häufiger sitzen als Mädchen.
- Jungen stottern viermal so häufig wie Mädchen.
- Sonderschulen für verhaltensgestörte Kinder werden fast aus-
  schließlich von Jungen besucht.
- Jungen sind gewalttätiger als Mädchen, sie sind allerdings
  nicht nur Täter, sondern in vielen Fällen auch Opfer.

Auch im Rahmen von Untersuchungen zur Krankheitsfrüh-
erkennung hat sich ergeben, dass Jungen allgemein für psychische und psychosomatische Krankheiten anfälliger sind als
Mädchen. Diese Ergebnisse kann ich durch meine Erfahrungen
in Beratung und Supervision ergänzen. Wenn ich von Erzieher/
innen um Beratung im Umgang mit schwierigen oder auffälligen Kindern gebeten werde, sind etwa 80 % dieser Kinder
männlichen Geschlechts.

Monika Neuwirth hat in einer Untersuchung festgestellt, dass
in psychomotorischen Fördergruppen 71 % Jungen und 29 %

Mädchen betreut werden. Diese Überrepräsentation der Jungen ist ebenfalls in kinder- und jugendpsychiatrischen Einrichtungen zu beobachten.[21] Wie lässt sich erklären, dass es gegenwärtig unter Jungen offensichtlich eine deutlich höhere Anfälligkeit für Entwicklungsstörungen gibt? Die wichtigsten Erklärungsansätze stammen aus der Biologie, der Psychoanalyse und aus Sozialisationstheorien (vgl. auch Neuwirth).

6.1.1 Ursachen aus Sicht der Biologie

Die höhere Anfälligkeit für Entwicklungsstörungen bei Jungen wird aus Sicht der Biologie primär mit dem Chromosomen-Unterschied (X–Y), der hormonalen Prägung des Geschlechts, der Hemisphärendifferenzierung und mit Reifungsunterschieden begründet. Diese Erklärungsansätze sind zum Teil umstritten, da wissenschaftlich abgesicherte Beweise fehlen. (Tatsächlich belegt ist, dass Jungen spätestens ab der Geburt eine schwächere Konstitution aufweisen.) Dennoch sind die biologisch determinierten Unterschiede bzw. Risikofaktoren interessant und aus diesem Grund möchte ich sie zusammengefasst darstellen (vgl. auch Biddulph 1999 und Thielke 1998).

Der Chromosomen-Unterschied

Für die embryonale Entwicklung des Geschlechts ist das Auftreten des Y-Chromosoms verantwortlich: Bei Frauen ist die chromosonale Verteilung XX, bei Männern XY. Embryologen haben herausgefunden, dass sich das Leben nach dem Zusammentreffen von Eizelle und Samen zunächst in die weibliche Richtung entwickelt. Durch das Y-Chromosom (es kommt nur einmal vor und ist möglicherweise störanfälliger) sowie durch das vom

---

[21] Der Titel eines Artikels von Neuwirth lautet „Junge sein als Risikofaktor – eine Diskussion aus psychomotorischer Sicht" (Neuwirth 1996).

männlichen Embryo produzierte Hormon Testosteron entstehen unterschiedliche Geschlechter (etwa ab der achten Schwangerschaftswoche). Man vermutet, dass durch diese radikalen Veränderungen beim männlichen Embryo eine höhere Stör- und auch Behinderungsanfälligkeit bei männlichen Säuglingen entsteht.

Die hormonale Prägung – Testosteron

Testosteron, das männliche Geschlechtshormon, bewirkt u. a. Wachstumsschübe, Stimmbildung, Haarwuchs und sexuelle Reifung, es beeinflusst Stimmungen und den Energiehaushalt. Der Testosteronspiegel sinkt und steigt im Lebensverlauf des Jungen oder des Mannes erheblich. Einige Zahlen können dies verdeutlichen:

- Nach der Geburt entspricht der Testosteronspiegel etwa dem eines zwölfjährigen Jungen.
- Einige Monate später sinkt er um etwa 80 %.
- Mit ca. 4 Jahren verdoppelt sich die hormonale Produktion.
- Ein Jahr später, etwa mit 5 Jahren, sinkt der Wert wieder um etwa 50 % ab.
- Zwischen dem 11. und 13. Lebensjahr steigt der Testosteronspiegel auf ein Maß an, dass etwa 800 % über dem Niveau der Kindheitsphase liegt.
- Mit 14 Jahren ist der Höhepunkt der Testosteronproduktion und somit der geschlechtlichen Entwicklung erreicht (vgl. Biddulph 1999, S. 47 ff.).

Die Vertreter/innen des biologisch-physiologischen Ansatzes führen typische Verhaltensweisen der Jungen in hohem Maß auf die Wirkung des Testosterons zurück: Es forciere u. a. die körperliche Aktivitätsbereitschaft, die Abenteuerlust sowie die Rang- und Wettbewerbsbereitschaft. Deshalb benötigen die kleinen Jungen einerseits Raum für körperliche Aktivitäten, andererseits klare Verhaltensrichtlinien und ein sicheres, geordnetes Umfeld. Situationen, in denen es keine klaren Strukturen gibt, verunsichern

Jungen wesentlich stärker als Mädchen. Jungen neigen dazu, hierarchische Verhältnisse herzustellen (Rangordnung), was unter Gleichaltrigen oftmals problematisch ist bzw. mit vielerlei lautstarken Rangkämpfen einhergeht. Ältere und kräftigere Jungen werden eher als tonangebend akzeptiert. Gelingt es dem Boss der Gruppe, sich Aufmerksamkeit und Respekt zu verschaffen, kann er zum bewunderten „Helden" avancieren.

In einer Erhebungen unter Erzieher/innen, in denen ich nach dem Alter jener Jungen fragte, die ihnen die meisten Schwierigkeiten bereiten, wurde zu etwa 70 % das Alter vier bis viereinhalb Jahre genannt. Abgesehen davon, dass diese Daten nur eingeschränkt repräsentativ sind und der Begriff „Schwierigkeit" eine nicht weiter präzisierte Beschreibung war, sind diese Erfahrungswerte dennoch interessant: denn vorwiegend wurde jene Altersstufe genannt, die mit einer besonders hohen Produktion von Testosteron einhergeht.

Die Hemisphärendifferenzierung

Die beiden Hirnhälften des Menschen spezialisieren sich auf unterschiedliche Funktionen. Bei den meisten Menschen ist die linke Hemisphäre für Sprache und Denken und die rechte für Gefühle, Gleichgewicht, Sehen, Raumorientierung und Bewegung zuständig. Die linke Gehirnhälfte kleiner Kinder wächst – aufgrund unterschiedlicher hormoneller Bedingungen – langsamer als die rechte, bei Jungen noch langsamer als bei Mädchen. Die beiden Gehirnhälften der Mädchen vernetzen sich untereinander schneller. Dadurch können sie beispielsweise Denkarbeit komplexer erledigen. Hingegen entsteht bei Jungen ein reicheres Netzwerk an internen Verbindungen in der rechten Hemisphäre. Dies ist möglicherweise eine Erklärung für ausgeprägtere technische und mathematische Interessen und eine größere Handlungsorientierung von Jungen und Männern.

Die zunächst geringere Vernetzung zwischen beiden Hirnhälften der Jungen wird als mögliche Ursache für Schwierigkeiten erachtet, Aktivitäten, an denen beide Hirnbereiche gleichermaßen beteiligt sind, gut bewerkstelligen zu können. Betroffen sind hiervon u. a. das Lesen, das Sprechen über Gefühle oder der Versuch, Probleme eher im Gespräch als durch Aggressivität oder Gewalt zu lösen. Eine unterschiedliche Hemisphärendifferenzierung bei Jungen und Mädchen ist zwar nachweisbar, allerdings ist das Gehirn flexibel und lernfähig. Daher ist nicht sicher zu entscheiden, inwieweit bestimmte typische Verhaltensweisen vorrangig von Lernfaktoren oder einer biologisch determinierten Entwicklung der Gehirnhälften abhängen.

Körperliche Reifungsunterschiede

Jungen haben ab der Geburt durchschnittlich eine schwächere Konstitution als Mädchen und entwickeln sich im Säuglings- und Kleinkindalter langsamer. Auf einen weiteren körperlichen Aspekt macht Biddulph aufmerksam: Während der Wachstumsschübe von Jungen strecken und verengen sich die Gehörgänge, mitunter sind sie für einige Zeit sogar blockiert, so dass die Hörfähigkeit in dieser Phase deutlich abnimmt. Bei Mädchen tritt dieses Phänomen offenbar nicht auf.

6.1.2 Ursachen aus der Sicht der Psychoanalyse

Aus der klassischen Psychoanalyse sind die Konflikte der ödipalen Phase (mit fünf/ sechs Jahren), wenn der Sohn zum „Nebenbuhler" seines Vaters wird und am liebsten die Mutter heiraten möchte, bekannt.[22] In neueren psychoanalytischen Ansätzen werden die frühkindlichen Bindungserfahrungen zu Mutter *und* Vater weit vor der ödipalen Phase als mögliche Ursache für Entwicklungsstörungen betrachtet.

---

[22] In der griechischen Sage ermordet Ödipus seinen Vater und heiratet die Mutter.

Die wichtigste Bindungsperson in dieser frühkindlichen Phase ist die Mutter. Mädchen können ihre Identität in der Beziehung zur Mutter ausbilden und müssen sich deshalb auch nicht so früh von der Mutter als (gleichgeschlechtliche) Identifikationsfigur und Beschützerin trennen. Bei ihnen findet der Loslösungsprozess in der Regel erst in der Phase der Pubertät statt.

Wesentlich komplizierter gestaltet sich dagegen die Beziehung zwischen Mutter und Sohn. Im Vergleich zum Mädchen wird der Junge schneller und härter aus dieser „symbiotischen" Phase herausgerissen. Die körperliche Reifung des Jungen, das Erkennen des Geschlechtsunterschiedes zur Mutter und der Wunsch, vom Vater als eigenständige (männliche) Persönlichkeit anerkannt zu werden, zwingen den Jungen, sich aus der engen Beziehung zur Mutter, aus der „Umklammerung" zu lösen. Diese Entwicklungsaufgabe ist mit schmerzlichen Trennungserfahrungen verbunden. Die Mutter, die der Junge immer noch liebt und braucht, wird zunehmend als Gegenpol erlebt, so dass eine ambivalente Situation für das Kind entsteht: Flucht und Abwehr sowie Annäherung und Verschmelzung müssen integriert werden. Für beide, Mutter und Kind, ist diese Lebensphase besonders schwierig. Für den kleinen Jungen kommt hinzu, dass er die „weiblichen" Anteile, die er über die Identifizierung mit der Mutter gewonnen hatte, wie z. B. den Austausch von Zärtlichkeiten, nun großenteils ablegen muss. Der Junge versucht, die duale Mutter-Kind-Beziehung auf den Vater zu erweitern, sozusagen von der Zweierbeziehung zu einer Dreierbeziehung zu gelangen (Triangulierung). Um die ursprüngliche Identifizierung mit der Mutter aufgeben und sich am Vater zu orientieren zu können, muss der Vater (oder eine andere männliche bzw. väterliche Bindungsperson) in dieser frühen Triangulierung präsent und für den Jungen verfügbar sein.

Doch da es in der frauendominierten Alltagswelt des Jungen (Mutter, Erzieherinnen in Krippe, Kindergarten und Hort, Lehrerinnen in der Grundschule) kaum verfügbare Männer gibt, kann der Junge einen sicheren „Landeplatz" auf der männlichen Seite nur selten finden. Es fehlen die „lockenden Kräfte" (Neuwirth 1996, S. 134), attraktive männliche Beziehungsmöglichkeiten und Vorbilder, die den Jungen von der Mutter „wegziehen" und ihm helfen könnten, mit ihrer „Übermacht" angemessen umzugehen. „Der Junge muss die Mutter hierbei aus seinem Selbst herausprojizieren und verliert dabei das Gefühl die lebenswichtige Quelle des Guten in sich zu tragen" (Benjamin in Neuwirth 1996, S. 135). Der nun entstandene und spürbar leere innere Raum wird dann allzu oft durch verstärkte Aktivitäten im äußeren Bereich zu füllen versucht. Die Trauer um den Beziehungsverlust zur Mutter bewältigt der Junge dadurch, dass er in dieser Phase Mädchen und Frauen sowie alle weiblichen Eigenschaften abwertet.

Sicherlich verläuft die Ablösung des Jungen nicht stets in der geschilderten problematischen Weise. Festzuhalten ist jedoch, dass die schwierigeren Ablösungsprozesse Jungen im Vergleich zu Mädchen unausgeglichener und instabiler aus dieser Lebensphase heraustreten lassen.

6.1.3 Ursachen aus Sicht der Sozialisationstheorie

Die Vertreter/innen der geschlechtsspezifischen Sozialisationstheorie beschäftigen sich mit den Umwelt- und Erziehungseinflüssen in der frühkindlichen Sozialisation und machen aus diesem Blickwinkel auf Störfaktoren aufmerksam. Jungen und Mädchen durchlaufen eine unterschiedliche geschlechtsspezifische Sozialisation, die sich z. B. auf das Bewegungsverhalten und die Einstellung zum eigenen Körper auswirkt. Oft erfahren Jungen in ihrer Sozialisation weniger Grenzen, was auch zu Orientierungslosigkeit führen kann. Notwendige Grenzen und Regeln geben Halt und Orientierung. Sie lassen Wachstum zu, wenn sie nicht rigide gehandhabt, sondern altersentsprechend modifiziert werden.

Jungen und Mädchen werden von Geburt an in unterschiedlichem Maß körperlich berührt, Mädchen während der Säuglingsphase doppelt so oft, wobei die Quantität dieser Berührungen noch nichts über ihre Qualität aussagt (vgl. Herm 2002, S. 180 ff.). Jungen spüren Berührung vor allem in körperbetonten Aktivitäten, im Rangeln, Raufen oder Kämpfen. Zärtlichkeiten untereinander lassen sich dagegen seltener beobachten als bei Mädchen. Daher sind die körperlichen Rangeleien für Jungen wichtig, um Berührung und Körperkontakt zu erleben.

Auch die emotionale Entwicklung der Jungen verläuft anders als bei Mädchen. In ihrem sozialen Umfeld wird ein raumgreifendes, forsches, aggressives und dominantes Verhalten meist akzeptiert. Schmerz, Trauer, Hilflosigkeit oder Klein-Sein werden dagegen eher als unangemessen erachtet. Für das Ausleben dieser Affekte gibt es wenig Anerkennung, sondern eher Zurückweisung, manchmal sogar Spott: „Ein Indianer kennt keinen Schmerz", „Ein echter Junge weint nicht", „Nur Muttersöhnchen heulen" etc. Häufen sich diese und ähnliche Verhaltensvorgaben, wird der Junge möglicherweise schon bald nicht mehr auf seine körperlichen und emotionalen Signale wie beispielsweise Schmerz oder Traurigsein hören. Das kann letztlich dazu führen, dass ein wesentlicher Teil der Realität nicht mehr als real erlebt und ausgeklammert wird. Ein Sturz vom Fahrrad auf harte Steinplatten schmerzt sehr, nicht nur physisch, sondern auch psychisch. Nach den Verhaltensvorgaben für einen „echten" Mann muss der kleine Junge diesen Schmerz verleugnen, zumindest soll ihn niemand anders bemerken. Und das heißt Zähne zusammen beißen, bloß nicht weinen oder Trost bei Mutter oder Erzieherin suchen, da sonst die Gefahr besteht, „Muttersöhnchen" gerufen zu werden! Es ist leicht nachvollziehbar, dass auf diese Weise die Entwicklung von Eigenwahrnehmung und eines gesunden Selbstbildes eingeschränkt wird.

Daher übernimmt der Junge auch aus Selbstschutz den Mythos[23] der Überlegenheit des „starken" Geschlechts. Doch da dieser Mythos selten der familiären und gesellschaftlichen Realität standhalten kann, muss der Junge um so vehementer an der traditionellen Geschlechterrolle festhalten. Deswegen fällt es Jungen auch schwerer, partnerschaftlich auf andere Kinder einzugehen oder darauf zu verzichten, sich auf irgendeine Weise zu messen, überlegen zu fühlen oder einen noch Überlegeneren, einen zu „Boss", finden zu müssen.

Die kleinen Jungen begeben sich auf die Suche nach männlichen Identifikationsfiguren, die ihnen Unterstützung bei der Verarbeitung von Konflikten anbieten und Vorbild für ihre geschlechtsbezogene Entwicklung sein können. Sie begegnen allerdings selten lebendigen, ansprechbaren Identifikationsfiguren im unmittelbaren Lebensumfeld. Ohne Mühe finden sie jedoch Klischeevorstellungen von Männlichkeit in Werbung, Filmen oder Spielzeugangeboten. Diese idealisierten Leitbilder sind dem Jungen wenig hilfreich, emotionale und interaktionelle Kompetenzen zu entwickeln und mit Konfliktsituationen umzugehen. Viele Konflikte werden folglich durch die Demonstration von Macht beendet, was aber häufig nur eine Schein-Lösung ist.

Einerseits profitiert der Junge von dieser Sozialisation, weil er lernt sich zu wehren und durchzusetzen, andererseits muss er das Ausleben von Schmerz, Leid und ähnlichen Affekten unterdrücken, um der allgemein anerkannten Vorstellung von Männlichkeit zu entsprechen. Eine periodische Entlastung von diesem anstrengenden Kampf der Unterdrückung „unmännlicher" Gefühle geschieht durch die Flucht in die Krankheit. Hier ist es dem Jungen gestattet, sich den Anforderungen der männlichen Geschlechterrolle zu entziehen. Wenn er sich krank fühlt, wird er mit Regressionsangeboten belohnt: Zum Beispiel darf er jam-

---

[23] Mythos wird hier verstanden im Sinne von „Person, Sache, Begebenheit, die (aus meist verschwommenen, irrationalen Vorstellungen heraus) glorifiziert wird, legendären Charakter hat. Falsche Vorstellung" (Duden 2001, S. 661).

mern und sich ins Bett der Mama kuscheln und wird von ihr liebevoll gepflegt. Trotz aller beschriebenen Widrigkeiten bewältigen die meisten kleinen Jungen diese schwierige Entwicklungsphase ohne gravierende Entwicklungsstörungen. Wenn allerdings ungünstige physische und psychische Voraussetzungen und zusätzlich schwierige soziale Bedingungen zusammentreffen, kann dies zu Verletzlichkeiten und Verhaltensauffälligkeiten in der kindlichen Entwicklung führen.

6.1.4 Zusammenfassung

Aus dem Blickwinkel von Biologie (Anlage), Psychologie (Psychoanalyse) und Sozialisationstheorie (Umwelt und Erziehung) betrachtet, zeigen sich deutliche Unterschiede in der frühkindlichen Entwicklung von Jungen und Mädchen.

- Aus biologischer Sicht gelten verhaltenssteuernde hormonelle Strukturen (Testosteron), eine schwächere Konstitution im Kleinkindalter sowie eine unterschiedliche Entwicklung der Hirnhälften als mögliche Faktoren für Entwicklungsstörungen.

- Die Psychoanalyse weist auf eine erhöhte Anfälligkeit der Jungen für Entwicklungsstörungen während des ersten Ablösungsprozesses aus der engen Verbindung mit der Mutter hin. Während sich die kleinen Jungen schon frühzeitig von der Mutter als Identifikationsfigur trennen müssen, um eine männliche Identität entwickeln zu können, orientieren sich kleine Mädchen weiterhin an der Mutter oder den Erzieher/innen.

- Letztlich sind auch Umwelt- und Erziehungseinflüsse maßgeblich beteiligt, wenn Jungen versuchen, einem mehr oder weniger realitätsfernen männlichen Ideal bzw. Mythos nachzueifern und dabei Enttäuschungen oder Kränkungen erleben. Der Mangel an väterlicher Präsenz, die Dominanz des „Weiblichen" in Familie, Kita und Grundschule sowie ein

tradiertes Rollenverständnis belasten allgemein die Identitätsfindung des Jungen.

Monokausale Erklärungen treffen selten das komplizierte Geflecht aller an der Entwicklung beteiligten Faktoren. Die unterschiedlichen Bereiche wie Anlage, Psyche und Umweltbedingun-
gen sind miteinander verknüpft, bedingen sich gegenseitig und
bilden gemeinsam die Basis der ganzheitlichen Persönlichkeits-
entwicklung. Massive Entwicklungsbeeinträchtigungen in einem
der genannten Bereiche wirken sich daher auch stets auf andere
aus. In diesem Zusammenhang ist der statistische Hinweis, dass
Jungen erheblich häufiger krank sind als Mädchen, höchst interessant und gibt Anlass zu fragen:

- Sind die Jungen gesundheitlich von Natur aus anfälliger?
  (Anlage)
- Haben sie mehr seelische Belastungen und Stresssituationen
  zu bewältigen? (Psyche)
- Oder ist das „Kranksein", wie schon beschrieben, eine gute
  Möglichkeit bzw. ein Vorwand, sich eine Auszeit zu nehmen,
  entlastet von allen männlichen Verhaltensanforderungen und
  Mythen, um liebevoll umsorgt zu werden? (Erziehung / Um-
  welt)

Ein noch nicht explizit genannter Faktor für die Entwicklungsschwierigkeiten des Jungen ist das Verhalten der Mutter, insbesondere ihre oft unbewussten persönlichen Bedürfnisse,
Phantasien und Illusionen in Bezug auf den idealen Sohn. „Die
Mutter, die ihrem sechsjährigen Sohn die Schuhe zubindet und
ihm abends den Schlafanzug anzieht, wird sich möglicherweise
über das ‚Paschaverhalten' ihres Herrn Sohnes beschweren. Aber
wird sie auch in Betracht ziehen, daß es vielleicht ihren eigenen
Wünschen entspricht, ihn klein und abhängig zu halten? Vielleicht gestattet sie ihm die Allüren eines Herren ja gerade deshalb, damit niemandem auffällt, daß das Hauptinteresse dieses
Arrangements in der größtmöglichen Abhängigkeit ihres Sohnes
liegt" (Schnack/Neutzling 1995, S. 22).

Eine wichtige Voraussetzung für die Autonomieentwicklung von Jungen (wie auch von Mädchen) besteht darin, dass sich die Mütter diese Bedürfnisse bewusst machen, anstatt sie empört zurückzuweisen.

Biologische, psychologische und soziologische Theorien verweisen auf eine höhere Störanfälligkeit in der frühen Entwicklungsphase bei Jungen. Mehrere ungünstige Faktoren müssen jedoch zusammentreffen, um die Entwicklung nachhaltig zu beeinträchtigen.

6.2 Eine vaterlose Gesellschaft?

Mehr als 20 Jahre sind vergangen, seit Alexander Mitscherlich das Buch „Die vaterlose Gesellschaft" veröffentlichte und auf die Bedeutung des Vaters bzw. Mannes für die Entwicklung von Mädchen und Jungen hingewiesen hat (Mitscherlich 1965). Wesentliches hat sich in den letzten Jahren bezüglich der Präsenz der Väter nicht verändert, aber immerhin gibt es Anzeichen von kleinen Fortschritten: Etliche Väter sind heute bei der Geburt ihres Kindes an der Seite der Mutter, sie können Windeln wechseln, die Flasche geben und das Baby beruhigen. Einige wenige Väter nehmen sich nach der Geburt des Kindes sogar eine Auszeit aus ihrem Berufsleben und beantragen Erziehungsurlaub, manch anderen gelingt es, Berufstätigkeit und Zeit für die Entwicklungsbegleitung ihrer Kinder in Einklang zu bringen.

Aber nach wie vor sind viele Väter im Kinderalltag wenig präsent, die Erziehungs- und Versorgungsaufgabe obliegt der Mutter. Oft benötigt die berufliche Karriere die Väter viel Zeit oder aber die Eltern haben sich getrennt und der Vater hat möglicherweise nur jedes zweite Wochenende Besuchsrecht. Immer mehr Kinder wachsen heute ganz ohne Vater auf. Die Präsenz des Vaters ist aber nicht nur für das Kind, sondern auch für die Mutter sehr wichtig. Winnicott schreibt, dass in den ersten Lebensmonaten „der Vater in der Familie nötig ist, damit sich die Mutter körperlich wohl und seelisch glücklich fühlen kann" (Winnicott in: Schnack/Neutzling 1995, S. 27).

Weil die Väter sich im Kinderalltag so rar machen, werden sie häufig zu etwas Besonderem stilisiert: zu den strafenden, ängstigenden Vätern – „Warte nur, bis Papa zu Hause ist (…)" – oder zu Vätern, die alle Wünsche erfüllen können – z. B. der Wochenendpapa. Ein selbstverständlicher Umgang miteinander im Alltagsleben wird schwierig. In Ermangelung realistischer Vatervorbilder entstehen dann überzogene väterliche Idealbilder.

Mädchen wie Jungen benötigen auf ihrem Entwicklungsweg die Auseinandersetzung mit Beziehungspersonen beiderlei Geschlechts. Dabei erhalten sie auch Anregungen und Orientierungen für ihre Rollenspiele, in denen sie sich an die Welt der Erwachsenen herantasten. Die traditionellen „Vater-Mutter-Kind-Spiele" bekommen neue Impulse, wenn Kinder im häuslichen Bereich oder in der Kindertagesstätte mit männlichen und weiblichen Erzieher/innen gleichberechtigte Partnerschaft und Arbeitsteilung erleben.

Für kleine Jungen ist die Mangelsituation an lebendigen Vaterfiguren besonders schwierig zu verkraften, denn sie wollen sich mit ihrem Vater identifizieren, um ihre eigene geschlechtliche Identität zu finden. Je weniger reale, lebendige Vaterfiguren ihnen Unterstützung bei dieser Entwicklungsaufgabe bieten, um so wichtiger werden die Klischeevorstellungen und Mythen der Männlichkeit. Diese oft irrationalen Vorstellungen von Männlichkeit, Weiblichkeit und glorifiziertem Heldentum können eine andere Qualität erhalten, wenn wir uns mit den überlieferten Mythen und Märchen beschäftigen und ihre spezifischen Botschaften im Kita-Alltag lebendig werden lassen.

> Mädchen wie Jungen benötigen auf ihrem Entwicklungsweg
> die Auseinandersetzung mit weiblichen und männlichen Vor-
> bildern, um eigene Modelle im Zusammenleben von Mann
> und Frau entwickeln zu können.

6.3 Was kleine Jungen im Kindergarten brauchen

Die Ausführungen über das durchschnittliche Verhalten und die
Bedürfnisse von Jungen und Mädchen sind nicht in der Form
verallgemeinerbar, als dass es *den* Jungen und *das* Mädchen gibt.
Jedes Kind und jeder Erwachsene haben unterschiedliche Anla-
gen, Temperamente, Neigungen, Begabungen oder Interessen.
Bekanntlich gehören auch weibliche Anteile zum männlichen
Wesen und umgekehrt (Yin und Yang). „Typisches" Jungenver-
halten wie Rennen, Toben, Rangeln, Kämpfen oder Fußballspielen ist bei manchen Mädchen ebenfalls sehr beliebt. Und etliche
Jungen bevorzugen ruhige Spiele, lesen gern, spielen manchmal
in der Puppenecke oder basteln wunderbar. Sie zeigen also ein
vorwiegend „typisch mädchenhaftes" Verhalten.

Grundlegende Bedürfnisse nach Zuwendung, Geborgenheit,
Versorgung und Akzeptanz sind allen Kindern gemeinsam. Von
dieser sicheren Basis aus wollen sie ihre Umwelt voller Neugier-
de, Bewegungslust und Tatendrang erobern. Dennoch zeigen
sich bei Jungen und Mädchen auch unterschiedliche Bedürfnisse, insbesondere wenn wir ihren Wunsch nach raumgreifenden,
grobmotorischen Aktivitäten ernst nehmen.

Für die Erzieherin kann es sehr lohnend sein, einen Rollentausch mit einem kleinen Jungen zu machen, um aus seiner Per-
spektive den Gruppenraum, die Materialien und Spielgeräte
oder die pädagogischen Angebote zu betrachten und zu hinter-
fragen:

Gibt es …

- im Gebäude genügend Raum zum Rennen, Toben und Lärm machen?
- große Bauklötze, Holzlatten u. Ä., um auf dem Boden zu bauen?
- in der Verkleidekiste Männerjacken, Cowboyhüte, Fellmützen, Umhänge für den „Supermann" u. a. m.?
- interessante Bilderbücher über Helden, Feuerwehrmänner, Väter, die mit ihren Kindern spielen (z. B. „Willi Wieberg" Bücher) u. Ä.?
- Kartons, Decken, Seile, Tücher u. Ä. zum Höhlenbauen?
- in einer Ecke der Kita einen Werkraum?
- Boxhandschuhe und einen Kinder-Sandsack?
- auf dem Spielplatz genügend freie Fläche, um mit Rollern, Dreirädern oder Fahrrädern umherzusausen?
- einen Fußball und die Möglichkeit, auf dem Spielplatz ein Tor oder eine Torwand herzurichten?

Bei einem Mangel an männlichen, väterlichen Leitbildern im Kinderleben drängt sich bei den Erzieher/innen oft die Frage auf, ob sie nun auch noch den fehlenden Vater ersetzen sollen. Nein, Erzieherinnen können nicht auch noch den männlichen Part in der Erziehung der Jungen übernehmen. Das Gefühl von einer Übermächtigkeit der Frau/ Mutter würde sich verstärken und für zusätzliche Verwirrung und Abwehr bei der Identitätsfindung der Jungen sorgen. Für diesen Erziehungsteil sind und bleiben die Männer verantwortlich. Eine Frau ist für den von Mütterlichkeit/ Weiblichkeit geprägten Anteil der Erziehung zuständig.

Es ist viel gewonnen, wenn ein grundlegendes Verständnis für geschlechtsbezogene Bedürfnisse der Jungen und Mädchen vorhanden ist und entsprechende Rahmenbedingungen und Angebote bereitstehen. Außerdem gibt es in jeder Kita, Erzieherinnen die gern Fußball mit den Jungen (und mit den Mädchen) spielen, die mit ihnen rangeln oder kämpfen (viele Frauen üben eine Kampfkunst aus). Andere Mitarbeiterinnen verfügen über kreative Fähigkeiten im Umgang mit den Materialien und Werkzeugen im Werkraum.

Bei diesen und anderen Aktivitäten agieren sie als weibliche Personen und erweitern dadurch die Bilder von „typisch" weiblichen Fähigkeiten. In gewisser Weise ermöglichen sie damit auch ein differenzierteres Bild von festgelegten Aufgaben und Interessen des männlichen Geschlechts. Im Folgenden seien noch stichwortartig einige Praxisvorschläge, insbesondere im Hinblick auf die „schwierigen wilden Jungen" gegeben:

Bereich Bewegung

- Psychomotorik als regelmäßiges Angebot;
- Anschaffung von Boxhandschuhen und Sandsack (Mädchen probieren auch gern);
- Zirkusvorführungen mit Akrobatik (mit Purzelbäumen, Menschenpyramiden, Clowns, wilden Tieren usw.);
- tägliche Außenaktivitäten auf dem Spielplatz zum „Auspowern", z. B. Fang- und Laufspiele, Rollerfahren, Fußballspielen;
- Regellernen durch Bewegungsspiele;
- größere Außenaktivitäten, z. B. im Wald oder auf Sportanlagen (Unterstützung durch Väter);
- Sommerfeste als Bewegungsfeste für Kinder und Eltern;
- Angebote, die Geschicklichkeit erfordern und fördern, wie Hämmern, Bauen, Schnitzen, Werkeln mit Holz u. Ä.

Es gibt inzwischen einige Grundschulen, die dem großen Bewegungsdrang der Jungen entgegengekommen sind. Sie haben gute Erfahrungen damit gemacht, dass Jungen auch im Stehen ihre Arbeitsbogen ausfüllen können, und manchmal finden Gespräche mit der Lehrerin sogar im Gehen statt, entsprechend ihrer Erkenntnis, dass Jungen besser reden können, wenn sie sich bewegen.

Bereich Emotionalität

- (psychomotorische) Spiele mit sanftem Körperkontakt, z. B. Fühlen, Kitzeln, Streicheln, Massieren, Sensibilisieren mit Gegenständen wie Federn, Bürsten, Tennisbällen u. Ä.;

- gemeinsam über eigene Gefühle, Kränkungen oder Verletzungen sprechen;

- mit Unterstützung der Erzieherin Lösungsmöglichkeiten finden, wenn Konflikte nicht selbständig bewältigt werden können;

- Bilderbücher zeigen und Geschichten zum Thema „Konflikte" und „Gefühle" vorlesen oder erzählen und anschließend besprechen (vgl. auch Mythen und Märchen S. 114 ff.);

- Möglichkeiten zum „Schmusen" mit den Kindern finden, dabei aber die individuellen Bedürfnisse nach Nähe und Zärtlichkeit beachten und Grenzen sensibel wahrnehmen;

- Kuschelecken von Mädchen und Jungen selber einrichten lassen, Kinder nicht gleich ablenken, wenn sie traurig sind oder weinen, sondern ihre Gefühle aushalten, Verständnis zeigen und darauf hinweisen, dass auch erwachsene Frauen und Männer manchmal traurig sind oder weinen;

- mit Eltern in Einzelgesprächen oder als Thema auf einem Elternabend über die emotionale Entwicklung von Jungen und Mädchen sprechen und die eigenen Umgehensweisen im Kita-Alltag erläutern.

Die männlichen Vertreter der geschlechtsbezogenen Fachliteratur finden es vorteilhaft, wenn sich die Jungen auch jene emotionalen und sozialen Fähigkeiten aneignen, die derzeit häufiger bei Mädchen anzutreffen sind. Das Potential dafür ist auch bei den Jungen vorhanden, es muss allerdings manchmal von Eltern und Pädagog/innen erst zutage gebracht genutzt werden, indem sie das Kind da fordern und fördern, wo seine Fähigkeiten bisher verschüttet waren. Beispielsweise kann das Einfühlungsvermögen von Jungen erweitert werden, wenn mit ihnen häufiger über eigene und anderer Menschen Freude, Ärger und Sorgen gesprochen wird.

Bereich Sprache – Kommunikation

- Gesprächskreise (Morgenkreis, Abschlussrunde, Kinderparlament) einrichten, um über Wünsche, Erlebnisse, Spielideen, Freundschaften, Streit usw. zu diskutieren;
- Regeln für den Ablauf der Zusammenkünfte gemeinsam aufstellen;
- Zeit zum Erzählen und zum Ausredenlassen finden (Jungen brauchen etwas mehr Zeit zum Umschalten von Zuhören auf Antworten);
- Geheimsprache für Schimpfwörter ausdenken;
- Märchen oder Geschichten, in denen es um Konflikte, Ängste oder Kämpfe geht, vorlesen und nachspielen;
- psychomotorische Spiele mit dem Schwerpunkt „Bewegung und Sprache" (erlebtes Vokabular);
- Schüttelreime, Zungenbrecher sowie lustige Reime mit Bewegung als Motivation zum Sprechen.

Die Auswertung der PISA-Studie von 2002 ergab, dass in allen Teilnehmerstaaten die Mädchen deutlich bessere Ergebnisse im Bereich Lesen und in der kritischen Auseinandersetzung mit Texten erzielten als Jungen. Offenbar besteht bei letzteren ein geringeres Interesse und weniger Freude am Lesen. Daher ist Motivationsarbeit bereits zum Bilderbuchbetrachten und später zum selbstbestimmten Lesen notwendig.

Grundlegende Bedürfnisse nach Zuwendung, Geborgenheit, Versorgung und Akzeptanz sind allen Kindern gemein. Dennoch bestehen auch unterschiedliche Bedürfnisse zwischen Jungen und Mädchen, insbesondere wenn wir den Wunsch der Jungen nach raumgreifenden, grobmotorischen Aktivitäten ernst nehmen.

6.4 Mythen und Märchen unterstützen die Entwicklung von Mädchen und Jungen

6.4.1 Zur Bedeutung von Mythen

Mythen sind die überlieferten Dichtungen, Sagen und Geschichten aus der Vorzeit der Völker. In ihnen werden die vorgeschichtlichen Vorstellungen über das Zusammenleben der Götter, Helden, Dämonen, Naturgeister, Menschen und Tiere überliefert, die unserem heutigen Bewusstsein zugrunde liegen. Sie berühren die fundamentalen Rätsel und Fragen der menschlichen Existenz wie

- die Entstehung der Welt,
- die Erschaffung der Menschen,
- den Sinn des Lebens,
- das Geheimnis des Todes und eines Lebens nach dem Tod,
- die Beziehung zwischen Göttern und Menschen sowie zwischen Mann und Frau.

Sie erzählen von

- der Kraft der Liebe und anderen archaischen Gefühlen wie Eifersucht, Hass und Trauer,
- den Generationenkonflikten zwischen Jung und Alt,
- schicksalhaften Ereignissen, Glück und Pech,
- Verzauberungen von Körper und Geist,
- den Verlockungen des Unbekannten auf Reisen und anderen Abenteuern,
- den Fruchtbarkeitszyklen von Mensch und Tier und vom Wachstum der Pflanzen u. a. m.

Neben diesen fundamentalen Lebensthemen, die auch schon Kinder beschäftigen, erfahren wir in den Mythen von einer Vielzahl von Helden und Heldinnen, die mit ihrem Mut, ihrer Kraft und Schlauheit schwierige Prüfungen bestehen und die Welt von Übeltätern befreien oder zumindest befreien wollen. Von den Göttern werden sie dabei oft unterstützt, manchmal aber auch auf ihrem Weg erheblich behindert. „Die griechische Mythologie ist reich an Helden und Heldinnen jeder Art. Manche, wie Achill und Hektor, sind Kriegshelden, und andere, wie Odysseus oder Theseus, sind Helden zu Friedenszeiten. Manche sind konstruktiv, wie Herakles oder Perseus, wieder andere sind eher Helden des Charakters als der Tat, wie Ödipus, Antigone oder Hektor, die angesichts ihrer hoffnungslosen Lage standhaft blieben" (Cotterell 1999, S. 30). Bemerkenswert ist, dass hier von Helden und Heldinnen gesprochen wird. Aus beiden Geschlechtern entstammen diese besonderen Figuren, die uns noch heute faszinieren.

Die Aufgaben der Helden und Heldinnen sind entsprechend ihrem Geschlecht unterschiedlicher Natur. Der Archetyp des männlichen Helden, der in der griechischen Mythologie (z. B. Odysseus, Herakles) sowie in den Sagen der Welt (z. B. Siegfried, Parzival) beschrieben wird, ist ein Revolutionär. Seine Aufgabe ist es, die Kultur voran zu bringen. Dabei riskiert er immer wieder sein Leben. Der Held muss sich in zahlreichen Gefahren bewähren, er kämpft nicht nur gegen das Überkommene, sondern auch gegen das Verführerische des Weiblichen, das ihm in vielfältiger Gestalt gegenüber tritt (z. B. die Sirenen). Befreit der Held z. B. die Königstochter aus der „Gewalt" oder Abhängigkeit der königlichen Eltern, symbolisiert dies, ähnlich wie im Märchen, die Befreiung aus den alten Traditionen oder aus der Umklammerung durch die Mutter. Diese bedeutsamen Aufgaben kann der Held natürlich nur bewältigen, wenn er vom Jüngling zum Mann herangereift ist, wenn er sich also von seinen Eltern, insbesondere aus der mütterlichen Symbiose, gelöst hat und seinen eigenen, selbstbestimmten Weg findet. In diesem Sinne sind die Geschichten der Helden und Heldinnen auch immer Beschreibungen der zentralen Aufgabe der Entwicklung von Autonomie und Selbstfindung. Dieser Weg verläuft keineswegs ohne Hindernisse, Hürden, Sackgassen oder Niederlagen. Der Held ist manchmal verzweifelt oder niedergeschlagen, manchmal hat er sogar Angst und berät sich mit weisen Frauen und Männern oder mit den Göttinnen und Göttern.

Durch solche Geschichten können Kinder, insbesondere Jungen, Assoziationen zu eigenen schwierigen Lebenssituationen herstellen und mit dem Helden mitfühlen. Wichtig für Kinder ist letztlich auch, dass der Held – trotz aller Tücken und Widrigkeiten – nicht verzagt, sondern seinen Entwicklungsweg weiter beschreitet und bevorstehende Aufgaben mit seinen inneren und äußeren Kräften löst.

Dieser Reichtum an sehr unterschiedlichen Heldenfiguren in der griechischen, römischen, keltischen oder nordischen Mythologie sowie den Sagen der Welt können wir als unerschöpflichen Schatz nutzen, um Mädchen und Jungen bei ihren Entwicklungsaufgaben zu begleiten. In der Literatur finden wir Überarbeitungen dieser Mythen, die sie für Kinder verständlich machen (z. B. „Ilias und Odyssee", nacherzählt von Walter Jens 1987). Beim Vorlesen, Erzählen oder Reflektieren der Geschichten können sich die Kinder mit passenden Figuren identifizieren und in der Fantasie die Heldentaten mit allen Höhen und Tiefen nacherleben.

Dabei sollen nicht die „Helden der Neuzeit", die den Kindern aus Büchern, Kassetten und Filmen vertraut sind, ersetzt werden, Ziel ist vielmehr, das Spektrum des Heldenmythos zu erweitern. Durch die Vielfalt der Heldentypen mit ihren unterschiedlichen Charakteren und Bestimmungen, durch das Auftreten von Heldinnen mit ihren spezifischen weiblichen Aufgaben sowie dem Ringen der Geschlechter um Aufmerksamkeit, Liebe und Achtung könnten sich vorhandene Klischeevorstellungen verändern.

6.4.2 Kinder brauchen Märchen

„Kinder brauchen Märchen" ist der Titel eines Klassikers der Fachliteratur, in dem der Pädagoge, Psychologe und Psychoanalytiker Bruno Bettelheim 1980 über die Bedeutung von Märchen in der Entwicklung von Kindern schrieb. „Heute liegt wie in früheren Zeiten die wichtigste und schwierigste Aufgabe der Erziehung darin, Kindern dabei zu helfen, einen Sinn im Leben zu finden. (…) Um den Wechselfällen des Lebens nicht hilflos ausgeliefert zu sein, muß man seine inneren Kraftquellen erschließen, so daß Gefühle, Phantasie und Intellekt einander unterstützen und bereichern" (Bettelheim 1980, S. 9 f.). In welcher Weise helfen Märchen diese inneren Kraftquellen, oder die eigenaktiven Kräfte des Kindes zu fördern?

In seiner Arbeit mit schwer gestörten Kindern hat Bettelheim erfahren, dass Märchen heute wie in früheren Zeiten für Kinder eine Hilfe sind, einen Sinn im Leben zu finden. Dieses Ringen um den Sinn des Lebens ist ein zentrales Menschheitsthema. „Leider verlangen nur zu viele Eltern, daß der Verstand ihrer Kinder funktioniert wie ihr eigener – als müssten das Verständnis für uns selbst und die Welt genauso wie unsere Vorstellungen vom Sinn des Lebens nicht gleich langsam heranreifen wie unsere Seele und unser Körper" (ebd. S. 9).

Das Leben erscheint für ein Kind oft verwirrend, kompliziert und chaotisch. Es benötigt Anregungen, wie es in seinem Inneren und danach im äußeren Leben Ordnung schaffen kann. Märchen und Volkspoesie, unser kulturelles Erbe, unterstützen sie dabei und vermitteln wichtige Botschaften auf bewusster, vorbewusster und unbewusster Ebene – jeweils entsprechend der Entwicklungsstufe des Menschen. Das ist auch der Grund, warum dasselbe Märchen in den verschiedenen Altersstufen gehört oder gelesen werden kann, andere Schwerpunkte enthüllt und Kinder, Jugendliche und Erwachsene auf unterschiedliche Weise berührt.

Bettelheim hebt die Volksmärchen deutlich von unserer Kinderliteratur ab, denn Kinderbücher wollen unterhalten, informieren oder, wie beispielsweise das Lesebuch, zum Lesen animieren. Die modernen Geschichten, die für kleine Kinder geschrieben werden, vermeiden meistens die existentiellen Lebensthemen oder grundlegende menschlichen Nöte wie den

Tod eines Elternteils, Geschwisterrivalität, Omnipotenzgefühle oder gewalttätige Fantasien u. Ä. „Heile Welt"–Geschichten erwähnen weder den Tod noch das Altern als Grenzen unserer Existenz. Sie sprechen auch nicht von der Sehnsucht nach ewigem Leben. Märchen hingegen konfrontieren das Kind mit den tieferliegenden menschlichen Fragen und bieten Lösungsmöglichkeiten an.

Sie beschreiben nicht nur die wunderschöne Welt der Prinzessinnen und Prinzen in ihren goldenen Märchenschlössern, sondern auch die dunkle Welt der Hexen, Räuber, Mörder und dazugehörige gewalttätige Fantasien und Handlungen. Jedes Kind kann sich mit ausgewählten Figuren und Handlungen identifizieren, Hass und Sehnsucht symbolhaft auf Märchenfiguren (besonders auf Eltern oder Geschwister) projizieren, ohne dabei entwicklungsschädigende Schuldgefühle zu erleben. Im Märchen kann das Kind seinen Hass auf die eigene Schwester auf die böse Stiefschwester – wie z. B. bei Aschenputtel- projizieren, ohne Konsequenzen in der Realität befürchten zu müssen. Man kann als „kleines" tapferes Schneiderlein den Riesen austricksen, nicht aber den übermächtigen Vater. Oder man kann sich mit dem kleinen, unerfahrenen Mädchen identifizieren, das sich zur Heldin entwickelt und nach vielen Irrwegen und Prüfungen ihre sieben älteren Brüder erlöst.

Weil „Gut" und „Böse" prinzipiell ein Märchen strukturieren und auch klar zu erkennen sind, verbinden sich Spannung, Gruseln und Bangen für die Kinder mit der Gewissheit, dass das Gute letztlich siegen wird. Der positive Ausgang bietet dann weitere Hoffnungen und Ausblicke. Ähnlich wie in den Mythen halten auch im Märchen die Helden und Heldinnen die Last ihrer Probleme und Aufgaben aus und kommen zu einer befriedigenden Lösung, einem Wendepunkt in ihrem Leben. Hier können sie Beispiel und Vorbild für die Kinder sein.

In besonderer Weise beschäftigen sich Psychoanalytikerinnen und Psychoanalytiker mit der Symbolik von Märchen und den darin enthaltenen Hilfestellungen für die kindliche Entwicklung (z. B. Bettelheim 1980, Kast 1990, Mallet 1988 und Drevermann 1993).

Sie beschreiben Märchen als symbolische Darstellungen von allgemein menschlichen Problemen wie Familienkonflikten, schwierigen Beziehungsgeflechten zwischen Frau und Mann, Mangelsituationen wie Aufwachsen ohne Eltern, existenziellen Ablösungskonflikten sowie Hunger und Not. Meist wird in der Ausgangssituation des Märchens bildhaft dargestellt, dass der Fortgang des Lebens in irgendeiner Weise bedroht ist. Der (Entwicklungs-) Weg der Helden und Heldinnen zeigt – trotz aller Gefahrenquellen, Niederlagen, Umwege oder Rätsel – mögliche Lösungen, neue Beziehungskonstellationen und somit Hoffnung auf. Daher kann man sagen, dass im Märchen „heilende Kräfte" verborgen sind, die nicht nur in der Therapie, sondern auch in der Pädagogik genutzt werden können.

In Mythen und Märchen der Völker finden Mädchen und Jungen Identifikationsfiguren, die neue Wege und Lösungsmöglichkeiten in schwierigen Situationen bieten können. Die Vielzahl dieser Heldinnen und Helden erweitert das Spektrum heutiger Heldenfiguren.

7 Kinder mit Sprach-auffälligkeiten

Wir leben in einem Zeitalter der Kommunikation, der globalen Vernetzung. Internet und Handy sind zu selbstverständlichen Interaktionsmedien geworden. Daraus könnte man folgern, dass unsere Gesellschaft über ein hohes Niveau an Sprachkultur verfügt und unsere Kinder daher einen guten Gebrauch der Sprache mit vielfältigen Ausdrucksmöglichkeiten entwickeln können. Die Wirklichkeit sieht anders aus. Schon bevor Anfang 2002 die erschreckenden Ergebnisse der PISA-Studie im Hinblick auf die verbalen Ausdrucksmöglichkeiten und die Lesefähigkeit unserer Schulkinder bekannt wurden, haben Sprachstandsüberprüfungen bei Vorschulkindern (z. B. 2001 in Berliner Kindertagesstätten) auf diese Problematik aufmerksam gemacht. Ein Ergebnis lautete: Wortschatz und Ausdrucksfähigkeit der Kinder sind nicht altersgemäß entwickelt.

Daher muss gefragt werden:

- Wie entwickelt sich die kindliche Sprache und wie müssen gute Rahmenbedingungen gestaltet werden?
- Wo liegen die Hintergründe für Sprachauffälligkeiten?
- In welcher Weise können Fachleute zur Unterstützung einer adäquaten Sprachentwicklung und zur Freude am Kommunizieren beitragen?

Von allen Lebewesen ist nur der Mensch fähig, Sprache zu produzieren. Angefangen von den Urlauten unserer Vorfahren hat sich bis heute dieses wunderbare Kommunikationssystem entwickelt. Wie eingeschränkt der Mensch ohne seine Sprache ist, wird erst bewusst, wenn die Fähigkeit zur Sprachproduktion nach einer Erkrankung (z. B. nach einem Schlaganfall) oder durch bestimmte Formen von Behinderungen eingeschränkt ist. Ein Blick auf die Entwicklung der Sprache in der Menschheitsgeschichte sowie in der individuellen Entwicklung des Kindes soll die Bedeutung der Sprache für das Zusammenleben der Menschen unterstreichen und die Notwendigkeit von optimalen Rahmenbedingungen für den Spracherwerb der Kinder deutlich machen.

7.1 Das Abenteuer Sprache – Es begann vor 100.000 Jahren

Erwachsene bedienen sich ganz selbstverständlich der Sprache in gesprochener und schriftlicher Form. Wir unterhalten uns miteinander, diskutieren, erklären, streiten, loben, singen, hören Nachrichten über Radio oder Fernseher, telefonieren, chatten im Internet und vieles mehr. Sprache ist die Grundlage unserer Kommunikation und das bedeutendste Mittel zur Erkenntnisgewinnung: „Jedes Wort, dass ich nicht kenne, ist ein Gedanke, den ich nicht denken kann" (Maier in Siebers 2001, S. 15).

Nur der Mensch ist in der Lage, Sprache zu produzieren und zu verstehen. Diese Fähigkeit ist eine relativ „junge" Errungenschaft in der Menschheitsgeschichte von etwa 4 Millionen Jahren, denn der Mensch ist erst seit etwa 100.000 Jahren in der Lage, einzelne Laute auszusprechen, zu Wörtern und Sätzen zusammenzufügen und dem Ganzen eine Bedeutung zu geben. Die wesentlichen evolutionären Veränderungen dafür waren:

Veränderung der Gesichtsform
Der Unterkiefer bildete sich zurück, der Kehlkopf formte sich um, die Gesichts- und Mundmuskulatur differenzierte sich. Diese Veränderungen ermöglichten die unzähligen feinen Bewegungen, um mit Hilfe der Mundmotorik komplizierte Laute zu bilden.

Entwicklung des Gehirns

Das Gehirn steuert die Körperfunktionen. Durch die Herausbildung zweier Hirnhälften im Bereich des Großhirns, wovon in der einen Hemisphäre (meistens die linke) nun das Sprachzentrum liegt, entwickelten sich wichtige Voraussetzungen für den Erwerb von Sprache und für das Sprachverständnis.

Differenzierung des Bewegungsapparates

Der Bewegungsapparat unserer Vorfahren war zunächst darauf ausgerichtet, ihren Alltag als Jäger und Sammler zu bewerkstelligen und ihr gesellschaftliches Leben über Gebärden, Mimik, Urlaute, bildliche Symbole, Tänze, Rituale u. a. m. zu organisieren. Durch Verfeinerung der Bewegungsmöglichkeiten, insbesondere im Bereich der Arme und Hände, wurden feinmotorische Leistungen wie beispielsweise die Herstellung von Schriftzeichen möglich.

Aufgrund dieser biologischen Veränderungen konnten sich neue Formen der Interaktion und Kommunikation entwickeln. Mitteilungen waren nicht mehr nur an Signale über Körpersprache und Urlaute gebunden. Mit der späteren Entstehung von Bildsymbolen und Schriftzeichen wurde Kommunikation auch ohne körperliche Anwesenheit der Gesprächspartner/innen möglich. Noch heute, nach Jahrtausenden, bestaunen wir die ausdrucksstarken schriftlichen Hinterlassenschaften unserer Vorfahren und erfahren dadurch viel von ihrem Leben.

Gemessen an den Jahrtausenden, die in der Menschheitsgeschichte zur immer feineren Differenzierung von Sprechfähigkeit, Wortschatz und Sinnhaltigkeit der Sprache notwendig waren, stehen dem Kind etwa sechs Jahre für die komplexe Sprachentwicklung zur Verfügung. Diese Zeitspanne wird von den meisten Sprachforscher/innen als „sensible Phase"[24] des Spracherwerbs beschrieben.

---

[24] In der Entwicklungspsychologie werden „sensible Phasen" allgemein als Entwicklungsabschnitte erhöhter Plastizität des Organismus bezeichnet, in deren Verlauf spezifische Erfahrungen maximale positive wie negative Auswirkungen haben.

In Jahrtausenden der Menschheitsgeschichte haben sich Sprechfähigkeit, Wortschatz und Sinnhaltigkeit der Sprache immer weiter differenziert.

7.2 Stationen der Sprachentwicklung

Die ersten Erfahrungen mit Sprache finden im Mutterleib statt: der Embryo ist bereits in der Lage, Geräusche, Klangfarben und Sprachmelodien wahrzunehmen. Unmittelbar nach der Geburt beginnt die eigentliche Sprachentwicklung. Die durchschnittliche Entwicklung bis zum sechsten Lebensjahr sei im Folgenden kurz dargestellt:

1. – 4. Monat

Im ersten Lebensmonat sind Schreien oder Jammern die bestimmenden Lebensäußerungen des Säuglings. Eltern und vertraute Bezugspersonen erkennen an der Art und Weise des Schreiens, was das Kind zum Ausdruck bringen möchte, z. B. Hunger, Schmerz, die unangenehme nasse Windel oder: „Mit geht es gut". Der Säugling trainiert von Anfang an seine Mundmuskulatur. Kindliche Aktivitäten wie Saugen, Schlucken, Lecken, Kauen sind nicht nur ein altersgemäßes Mittel der Erkenntnisgewinnung, sondern ebenso wichtige Vorübungen für die Sprachentwicklung.

Der Zeitabschnitt vom zweiten bis zum vierten Monat wird auch „Gurrphase" genannt. Der Säugling probiert jetzt die Möglichkeiten seines Artikulations- und Stimmapparates aus. Er ist in der Lage, Gurr-, Jauchz- und Quietschlaute zu erzeugen, die ihm viel Freude bereiten. Das Kind stimuliert sich selbst mit diesen einfachen Lautmonologen.

In Forschungsarbeiten wurde festgestellt, dass diese Phase „international" ist: Alle Kinder weisen ein ähnlich breitgefächertes Repertoire an Lauten, Vokal- und Konsonantenverbindungen auf, das für die entsprechende Muttersprache nicht vollständig gebraucht wird. Diese Vielfalt der Lauteproduktion reduziert sich wieder, wenn der Säugling nur jene Laute benutzt, die in der Muttersprache gebräuchlich sind.

4. – 8. Monat

Diese Etappe der Sprachentwicklung, die „Lallphase", ist ebenfalls eine wichtige Vorübung für das Sprechen. In einem großen Teil seiner Wachzeit produziert der Säugling „Lallmonologe" (Silbenverdopplungen) wie z. B. „jajaja – bababa – mammammam" u. Ä. Es ist ein spielerisches Ausprobieren der Bewegungsmöglichkeiten von Lippen, Zunge, Kiefer und Gaumen. Dabei genießt der Säugling die lustvollen Reizungen im Gaumenbereich. Für die weitere Differenzierung dieser „Lallmonologe" muss das Kind in der Lage sein, seine eigenen Laute zu hören (etwa ab 7. Monat). Gehörlose oder hochgradig hörgeschädigte Kinder, die ihre eigene Lautproduktion kaum oder gar nicht hören können, beenden meistens in dieser Phase ihr Lautieren.

8. – 12. Monat

Das Ohr übernimmt nun die leitende Rolle bei der Sprachentwicklung (Fremdhören). Laute, Silben und Worte werden nachgeahmt. Durch Drehen des Kopfes in Richtung der genannten Dinge zeigt das Kind an, dass es die ersten Namen von Gegenständen und Bezugspersonen versteht. Auch Stimmungen von Wohl- und Unbehagen werden nun durch Differenzierung in Tonfall und Lautstärke ausgedrückt. Das Kind erkennt den Kommunikationscharakter von Sprache und begreift die Bedeutung einzelner Wörter, lange bevor es diese Worte selber aussprechen kann. Nebensprachliche Phänomene wie Mimik, Gestik, Körperhaltung (Körpersprache) spielen beim Spracherwerb eine wichtige Rolle. Bewegung und Sprache bilden eine Einheit.

Z. B. wird die Bedeutung der Worte „Winke-winke" mit der entsprechenden Handbewegung begreifbar.

Das Kind entwickelt große Lust am Sprechen und sein Mitteilungsbedürfnis steigt deutlich an. Es plappert sogar eine Weile vor sich hin, auch wenn sich niemand in seiner Nähe befindet. In dieser Zeit tauchen das erste „Mama" oder „Papa" als einfache Silbenverdoppelung auf. Durch die freudige Reaktion der Umwelt erfährt das Kind eine Verstärkung und versteht schließlich bei häufigerem Gebrauch auch den Zusammenhang von Wort und betreffender Person: „Ja, Mama nimmt dich jetzt auf den Arm und die Mama gibt dir das Fläschchen!"

1 – 1½ Jahre

Das Kind kann nun mindestens drei bis zehn sinntragende, verständliche Worte sprechen und ist aufgrund seiner Intonation in der Lage zu fragen und zu antworten. Die Phase der „Einwortsätze" beginnt. Schwierige Buchstaben wie m, b, p und n können jetzt produziert und mit Vokalen zu Wörtern verknüpft werden. Viele neue Wörter werden nachgeahmt, auch ohne die Wortbedeutung zu verstehen (Echolalie). Altersentsprechend fällt die Aussprache einiger Konsonanten wie k oder r oder ng schwer. Die Sprache ist noch augenblicksgebunden, d. h. das Kind benennt das, was es aktuell tut, sieht, hört oder fühlt. Einfache Aufforderungen und Fragen können vom Kind verstanden werden.

1½ – 2 Jahre

Der Wortschatz des Kindes erweitert sich auf 20–50 Wörter. Es spricht in Ein- und Zweiwortsätzen, doch oft muss der Sinn noch aus dem Kontext von Mimik und Gestik gedeutet werden. Wenn beispielsweise die kleine Tochter die Arme in die Höhe reckt und zum Vater „Papa aam" sagt, heißt dies zweifelsfrei: „Papa, ich möchte auf deinen Arm." Mittlerweile ist der passive Wortschatz dem aktiven weit voraus. Interessant sind die sprachlichen Generalisierungen: Beispielsweise wird der Begriff

„Hund" oder „wau-wau" oft für alle kleinen Tiere mit Schwanz und vier Beinen verwendet. Das erste Fragealter beginnt. Mit Hilfe der Satzmelodie ist das Kind in der Lage, einfache Fragen mit wenigen Wörtern zu konstruieren.

2 – 2½ Jahre
Das Sprachvermögen ist von Kind zu Kind unterschiedlich. Durchschnittlich verfügt es nun über etwa 300 Worte. Verben und Adjektive werden verwendet. Zwei und mehr Wörter fügt es zu grammatikalisch noch ungeordneten oder ungegliederten Sätzen zusammen. Sie enthalten Ausruf, Aussage oder Frage. Das zweite Fragealter beginnt.

Eigene, oft sehr kreative Wortschöpfungen für unbekannte Begriffe, aber auch die Verwendung von Grammatik und das Beugen von Verben und Adjektiven zeigen die Freude am Umgang mit Sprache. Nun beherrscht das Kind die meisten Laute, allerdings noch nicht alle Lautverbindungen. Spricht man mit dem Kind auf einem sprachlich ähnlichen Niveau, so ist es in der Lage, das meiste zu verstehen. Die Verständlichkeit der kindlichen Sprache dagegen ist entwicklungsbedingt noch eingeschränkt (Dyslalie). Ein bedeutsamer Entwicklungsschritt für Sprache und Selbstbewusstsein ist erreicht, wenn das Kind die Ich-Form benutzt.

2½ – 3 Jahre
Eine regelrechte Wortschatzexplosion findet nun statt. Abgesehen von Zischlauten und schwierigen Lautverbindungen ist die Artikulation gut ausgebildet. Zur Wortschatzerweiterung gehört die vermehrte Benutzung von Adjektiven, Zahlen, Benennung von Farben und Funktionsbezeichnungen wie „auf", „über", „unter" u. Ä.

Auch wenn die Wortstellung noch manchmal von dem üblichen Gebrauch der Erwachsenen abweicht, hat das Kind bereits einen „Bauplan für Sätze" im Kopf. Es gebraucht die „Wir–

Form" und verwendet einfache, korrekte Satzstrukturen, teilweise auch schon mit Nebensatzkonstruktionen. Diese Phase gilt als Höhepunkt des zweiten Fragealters mit den bekannten „W-Fragen" wie beispielsweise – „warum?", – „wann?, – „wer?"

3 – 4 Jahre

Die Aussprache verbessert sich deutlich, der Wortschatz nimmt merklich zu. Durchschnittlich verfügt das Kind jetzt etwa über 1000 Worte und es kann verschiedene Nebensatzkonstruktionen verwenden.

Im vierten Lebensjahr beherrscht das Kind seine Muttersprache recht gut. Sprache wird jetzt nicht mehr nur zur Mitteilung verwendet, sondern auch zur Reflexion (erinnern, nachdenken u. a.). Es entwickelt eine Vorstellung von Vergangenheit, Gegenwart und Zukunft: „Gestern war ich mit meinem Bruder bei der Oma." Oder: „Im Sommer fahren wir an die See."

Obwohl die Artikulation nun meist perfekt beherrscht wird, kann es bei vielen Kindern zu einer Unterbrechung des Redeflusses, zu einer Art „Stottern" kommen. Diese Sprachauffälligkeit ist in diesem Alter selten problematisch. Meistens liegt der Grund darin, dass Kinder ihre Gedanken nicht so schnell in geordnete Sprache umsetzen können, wie sie gerne erzählen möchten. Dieses entwicklungsbedingte „physiologische" Stottern muss daher von dem therapiebedürftigen „echten" Stottern unterschieden werden.

5 – 6 Jahre

Im fünften Lebensjahr sollte der Spracherwerb in den Grundzügen abgeschlossen sein. Alle Lautverbindungen der Muttersprache werden nun richtig artikuliert. Eine Ausnahme bildet eventuell das schwierige „sch". In den beiden Jahren bis zum Schuleintritt steigt der Wortschatz durch Wissensvermehrung an. Dieser Prozess ist allerdings erheblich von sozialen und erzieherischen Faktoren abhängig.

Mit sechs Jahren verfügt das Kind über einen Wortschatz von etwa 2500–3000 Worten, die artikulatorischen und grammatischen Fähigkeiten sind der Umgangssprache von Erwachsenen nahezu angeglichen. Das aktive Sprachvermögen reicht aus, um zusammenhängend zu erzählen, Beabsichtigtes variationsreich auszudrücken, Erlebtes wiederzugeben, zu telefonieren u. Ä. m. Das Kind hat mittels Sprache ein breites Wissen erworben und kann mit seiner Sprache sicher umgehen.

> Als „sensible Phase" für die Entwicklung der primären Sprache werden die ersten sechs Lebensjahre beschrieben. In dieser Zeit erlernen Kinder die Sprache „ungesteuert" und fast nebenbei.

7.3 Voraussetzungen für die kindliche Sprachentwicklung

In den ersten Lebensjahren ist das kleine Kind zwar neugierig und bereit, Sprache zu erlernen, allerdings müssen für eine optimale Sprachentwicklung bestimmte Voraussetzungen erfüllt sein, u. a.:

- physiologische Voraussetzungen wie z. B. intaktes Gehör,
- kognitive Fähigkeiten,
- vertrauensvolle, stabile Bezugspersonen in der Familie (oder Kindertagesstätte) als sprachliche Vorbilder,
- eine befriedigende soziale Interaktion im Umfeld,
- eine sprachanregende Umwelt.

Wendtland (1998, S. 9 ff.) entwickelt das Bild von einem „Sprachbaum", bei dem Sprache metaphorisch als Ergebnis einer positiven Gesamtentwicklung dargestellt wird. Dieser Sprachbaum besteht aus vielen Wurzeln, die im Boden verankert sind, dem dicken Baumstamm und einer Baumkrone mit vielen Ästen. Darüber schickt die Sonne ihre Strahlen zum

Baum und eine Gießkanne hält Wasser bereit. Was wird damit ausgedrückt?

Die Wurzeln

Grundlegende Fähigkeiten, also Wurzeln der Sprachentwicklung, sind die Hirnreifung, die geistige Entwicklung, die sensorische Entwicklung mit Integration aller Sinne zu einem ausgewogenen Zusammenspiel (hören, sehen, riechen, schmecken, fühlen, Tiefensensibilität und Gleichgewicht) und die altersgemäße sozial-emotionale Entwicklung. Das Schreien als erste Form der Artikulation ist für die Ausbildung der Stimme bedeutsam. Außerdem lernt der Säugling, dass er mit Hilfe seines Schreiens auf sich aufmerksam machen kann. Reagiert die Mutter liebevoll und zugewandt, beispielsweise mit Streicheln, Auf-den-Arm-Nehmen oder anderweitig beruhigend, so entwickelt sich eine erste stimmliche Kommunikation und vertrauensvolle Beziehung. Entsprechend der Art, wie auf die Lebensäußerungen des Säuglings reagiert wird, ob seine Bedürfnisse erkannt und feinfühlig befriedigt werden, ob ihm die Umwelt positiv zugeneigt ist u. Ä. m., entwickelt sich beim Säugling eine Grundhaltung gegenüber Mitmenschen und Umwelt (vgl. Bindung, S. 27 ff.).

Der Stamm

Der Stamm symbolisiert Sprachfreude und Sprachverständnis. Sprachfreude und Kommunikationsfähigkeit entwickeln sich, wenn Eltern und andere Bezugspersonen liebevoll auf die ersten Sprechversuche eingehen. Das Kind spürt und lernt, dass diese seine Äußerungen verstehen und darauf reagieren. Beispielsweise bewirkt die Silbenproduktion „ham-ham", verbunden mit der entsprechenden Mund- oder Armbewegung, dass die Mutter dem Kind etwas zu essen gibt. Dadurch erfährt es die Wirksamkeit seiner sprachlichen Ausdrucksfähigkeit. Auf diesem sicheren Fundament entwickelt sich die Sprechfreude weiter.

Die Baumkrone

Die drei Bereiche der Baumkrone – Artikulation, Wortschatz und Grammatik – entwickeln sich parallel zueinander. Zunächst lernt das Kind die Laute, die im vorderen Mundbereich gesprochen werden (m, p, b usw.), später jene, die im mittleren (l, n, t usw.) und schließlich die Laute, die im hinteren Mund- und Rachenraum gebildet werden (gl oder kr usw.). Das sprachliche Vorbild des Erwachsenen ist für diesen Lernvorgang besonders wichtig.

Die Entwicklung des Wortschatzes richtet sich auf Gegenstände, die das Kind täglich wahrnehmen, anfassen und mit denen es hantieren kann. Durch das Berühren, Bewegen und den spielerischen Umgang mit den Dingen kann die jeweilige Wortbedeutung be-griffen werden. Das Wort „Begriff" veranschaulicht den Zusammenhang zwischen Sprache und Bewegung besonders gut.

Die Sonne und die Gießkanne

Ein Baum kann sich nur entwickeln, wenn er genügend Licht, Wärme und Wasser erhält. Ähnlich verhält es sich mit der Sprachentwicklung des Kindes: Ein Kind kann noch so hervorragende genetische Voraussetzungen für den Spracherwerb haben, wenn es nicht genügend Liebe, Zuwendung, Wärme oder an Akzeptanz efährt, ist seine Sprachentwicklung gefährdet.

Das sprachfördernde Verhalten der Eltern und anderer Bezugspersonen ist Nahrung für die Entwicklung der Kommunikation. Dazu gehören wichtige Verhaltensweisen wie:

- Blickkontakt herstellen, damit das Kind die Mundbewegungen beim Formen der Worte sehen kann;
- Zuhören und Geduld aufbringen, damit das Kind genügend Zeit zum Formulieren der Worte hat;
- „Fehler" beim Sprechen nicht direkt verbessern und Sätze nicht korrekt nachsprechen lassen, denn so verlieren Kinder die Lust am Sprechen und an kreativen Sprachschöpfungen;

▓ Kinder zum Erzählen motivieren und viele Anlässe zur Kommunikation schaffen, bei denen die Erwachsenen als sprachliches Vorbild dienen.

Wenn der altersspezifische Wortschatz eines Kindes zu gering ist, kann er nur durch vermehrte Nahrung (Gießkanne) sowie Liebe, Zuwendung und Wärme (Sonne) gefördert werden.

> Für eine optimale Entwicklung der Sprache benötigt das Kind neben den biologischen Gegebenheiten eine sprachanregende Umwelt sowie Liebe, Wärme und Akzeptanz der Bindungspersonen.

7.4 Muttersprache und Erwerb der Zweitsprache Deutsch

Die Familiensprache oder anschaulich „die Muttersprache" begleitet das Kind schon, bevor es das Licht der Welt erblickt. Bereits im Mutterleib, etwa ab der 18. Schwangerschaftswoche, ist der Hörsinn funktionsfähig. Das ungeborene Kind hört in der Geborgenheit des Uterus die Herztöne und Darmgeräusche der Mutter und ebenso Klänge, Geräusche und Stimmen von Personen von außerhalb. Daher ist der stimmliche Klang der Mutter-Sprache nach der Geburt ein erster vertrauter Orientierungspunkt in der noch fremden, grenzenlosen, neuen Umwelt.

Die mütterliche Sprache ist optimal an die Sprachwahrnehmung und sprachlichen Bedürfnisse und Fähigkeiten des Säuglings angepasst. Wenn sich Mütter und auch Väter intensiv und liebevoll mit ihren Säuglingen beschäftigen, können weltweit ähnliche Sprachstile beobachtet werden, und zwar ohne besondere Anleitung. Sie unterstützen die Sprachentwicklung auf her-

vorragende Weise, indem sie sich auf den jeweiligen Sprachent-
wicklungsstand des Kindes einstellen.

Die „Ammensprache" (Baby-Talk) fördert in den ersten
zwölf Lebensmonaten die Spracherkennung. Die Mütter sprechen beispielsweise in hohen Tönen, die Satzmelodie ist stark
überzogen, auf wichtige Worte wird durch Akzentverschiebung
und lange Pausen zwischen den Phrasen aufmerksam gemacht.
Beim Säugling wird ein Gefühl für die rhythmische Struktur der
(Mutter-)Sprache geweckt.

Im zweiten Lebensjahr macht die „unterstützende Sprache"
das Kind mit dem Dialog vertraut, der zunächst sehr einfach
strukturiert ist. Die Mutter bzw. der Vater führt dabei zunächst
einen „Erkennungs-Bestätigungs-Dialog" mit sich selber, später
lallt das Kind als Antwort auf die Frage der Mutter. Ein Beispiel:
„Soll die Mama dir jetzt eine Banane geben?" – Antwort: „Ma-
mam-mamam" und etwas später vielleicht: „Mama nane". In
dieser Zeit begrenzt die Mutter die Fülle der Informationen,
die auf ihr Kind einströmen, so dass sie zu bewältigen sind (vgl.
ADS, S. 66 ff.). Die Mutter fokussiert die Aufmerksamkeit ihres
Kindes auf einen überschaubaren Ausschnitt der Realität und
erweitern sukzessive den kindlichen Wortschatz.

Als dritter Sprachstil folgt etwa ab dem dritten Lebensjahr
die „lehrende Sprache". Entsprechend seinen Fähigkeiten übernimmt das Kind Ausdrucksformen der Mutter und verwendet
sie mit der gleichen Satzstruktur – als Frage wie auch als Aussage. Die Mutter erweitert die grammatikalischen und artikulatorischen Kenntnisse durch bestätigende und sanft korrigie-
rende Rückmeldungen wie in diesem Ein Beispiel: „Teddy put
(!) – (?)!" – „Ja das stimmt, der Teddy ist kaputt."

Die erste Sprache ist die Sprache der frühen Dialoge, verbunden mit Zärtlichkeit, Freude und Wohlbefinden wie auch mit
Tränen und Schmerzen. Sie ist das Band zu den wichtigsten Bezugspersonen, zu Eltern, Geschwistern und anderen Familien-
angehörigen oder Freunden. Sie enthält Emotionen, innere Bil-

der, Traditionen, Werte und Normen der Familie und der jeweiligen Kultur. Sie wird somit zu einem wichtigen Baustein für die Entwicklung der kindlichen Identität.

Erwerb der Zweitsprache

Kinder aus zugewanderten Familien erwerben in der Regel die Zweitsprache Deutsch in den ersten sechs Lebensjahren genauso wie die erste Sprache, nämlich ungesteuert und fast „nebenbei". Voraussetzung für diesen „natürlichen" Zweitspracherwerb ist eine gut entwickelte Erstsprache sowie eine Umwelt, die Kinder zum Erlernen der Sprache und zu ihrer Anwendung anregt. „Die Kinder haben beim Erlernen einer Zweitsprache ein ‚Betriebssystem' zur Verfügung: ihre Muttersprache. Hier docken sie die neuen Informationen an. Sie wissen bereits, dass Worte zu Sätzen gebündelt werden, dass man Sätze erweitern oder verkürzen kann (Haupt- und Nebensätze)" (Siebers 2001, S. 60). Das Kind weiß bereits, dass es über die Sprache Wünsche, Bedürfnisse und Gefühle ausdrücken und mit anderen Menschen kommunizieren kann. Allerdings enthält das „Betriebssystem" Muttersprache einige Hürden, die es zu überwinden gilt:

Beispielsweise gibt es in der Zweitsprache Laute, die in der Muttersprache nicht vorkommen. Der Lautfilter, der sich bisher gebildet hat, muss sich erweitern. Es wird sogar von einem „ethnischen Ohr" gesprochen, denn „ein Engländer stellt beim Sprechen sein Ohr anders als der Franzose, dieser anders als der Deutsche" (Tomatis in Siebers 2001, S. 61). Das Kind muss also lernen, die Ohren zu spitzen, um Unterschiede zu hören, und mittels der Mundmotorik die entsprechenden ungewohnten Laute auszusprechen.

Unterschiedlich ist oft auch die Satzmelodie, d. h. andere Klangwelten und Betonungen müssen erkannt und nachgebildet werden, z. B. die unterschiedliche Sprachmelodie bei Namen wie Sabine (_ – _), Tobias (_– _) oder Adalet (_ _ _) und Erkan (_ _).

Es gibt Begriffe, die in der Muttersprache nicht vorkommen und nun im alltäglichen Handeln be-griffen werden müssen.

Eine weitere Hürde kann die mangelnde Akzeptanz der Erstsprache sein, denn Kinder interpretieren negative Reaktionen auf ihre Muttersprache häufig als Ablehnung ihrer Person und ihrer Familie. Unter diesen Umständen ist es in der Regel schwer, eine vertrauensvolle, emotionale Beziehung zwischen Kind, Erzieher/innen oder/und anderen Kindern aufzubauen. Jedoch ist dies eine Voraussetzung für die erfolgreiche Sprachentwicklung.

Probleme ergeben sich ebenfalls, wenn ausländische Eltern die deutsche Sprache gar nicht beherrschen oder ihr sogar ablehnend gegenüber stehen. Diese Einstellung geben sie möglicherweise (auch unbewusst) an ihre Kinder weiter. Dies kann dazu führen, dass die Kinder in ihrer Motivation, die neue Sprache zu erlernen, gebremst werden oder ganz verstummen.

Um sich in einer fremden Sprache auszudrücken oder etwas nachzufragen, ist ein gewisses Maß an Mut erforderlich. Jeder von uns hat auf Auslandsreisen solche Erfahrungen sammeln können. Diesen erforderlichen Mut kann ein Kind eher aufbringen, wenn es sich akzeptiert und sicher gebunden fühlt. Durch eine sorgfältig gestaltete Eingewöhnungsphase, eventuell mit einem Sprachmittler (z. B. eine muttersprachliche Erzieherin oder Freunde, Bekannte der Eltern, die deutsch können), werden in der Kindertagesstätte viele Anfangshürden besser gemeistert. Vor allem wenn das Kind Kommunikation und Akzeptanz zwischen den Erwachsenen spürt, wird – zumindest ansatzweise – eine Brücke vom Elternhaus/ Muttersprache zur Kindertagesstätte/Zweitsprache gebaut.

> Die Muttersprache ist die Sprache der frühen Dialoge, das Band zu den vertrauten Bindungspersonen in der Familie. Für den Erwerb einer Zweitsprache ist eine gut entwickelte Erstsprache die beste Voraussetzung.

7.5 Sprachentwicklungsstörungen

Sprachstörungen haben in der Regel mehrere Ursachen, die erst durch ein intensives Kennenlernen des Kindes und seiner familiären Situation, in Gesprächen mit den Eltern und letztlich auch durch Hinzuziehen weiterer Fachleute (Fachärzt/innen, Psycholog/innen oder Logopäd/innen) genauer erfasst werden können. Ich möchte drei Bereiche möglicher Ursachen zusammenfassen:

Erblich-organische Faktoren
Erbliche und/oder organische Mängel beeinträchtigen die Sprechfähigkeit des Kindes. Hierunter fallen familiär bedingte Sprachschwächen, Missbildungen der Sprechwerkzeuge (u. a. die Gaumenspalte), Wahrnehmungs- oder Bewegungsstörungen, neurologische Störungen, kognitive Beeinträchtigungen u. a. m.

Psychische Faktoren
Psychische Probleme wirken sich auf die Gesamtentwicklung des Kindes und besonders auf den Spracherwerb aus. Hierzu gehören alle seelischen Belastungen, denen das Kind ausgesetzt ist, wie beispielsweise andauernde Krisen in der Beziehung der Eltern, längere Trennung von vertrauten Bezugspersonen (u. a. durch Krankenhaus- oder Heimaufenthalt), Geschwisterrivalität oder andere Störungen der familiären Interaktion. Wird das Kind in einem neuen Lebensumfeld, z. B. in der Kindertagesstätte, nicht genügend angenommen und wertgeschätzt und entwickelt sich keine vertrauensvolle Beziehung zu den neuen Bezugspersonen, können Resignation, Rückzug oder gar ein Verstummen des Kindes die Folge sein.

Umwelt und Erziehung

Entwicklungshemmende Einflüsse aus Erziehung und sozialer Umwelt haben negative Auswirkungen auf die Sprachentwicklung. Dazu gehören ein mangelhaftes sprachliches Vorbild der Eltern oder anderer enger Bezugspersonen, eine generell geringe Bedeutung von Sprache und Kommunikation in der Familie (Fernseher als Babysitter) und ebenso ein belastendes Wohnumfeld oder ungünstige wirtschaftliche Lebensverhältnisse.

Aber nicht nur die Unterforderung durch mangelhafte Interaktion und Kommunikation in der Familie (oder Kita) wirkt sich sprachhemmend aus, sondern ebenso eine fortwährende Überforderung, z. B. durch hohe Leistungsanforderungen und ständige Sprachkorrekturen am Kind. Auch jene Eltern, die ihre Kinder mit Worten zuschütten, ohne genügend Raum für wechselseitige Kommunikation zu lassen, unterstützen keinesfalls die Sprachentwicklung.

Oft wird Sprache reduziert auf das Bekanntgeben von Mitteilungen, Anordnungen, Verboten oder auf den Ausdruck von Ärger: „Sitz still!" – „Räum dein Zimmer auf." – „Du hast schon wieder nicht (...)" Auf diese Weise nimmt man Kindern die Freude an Kommunikation und an der kreativen Benutzung von Sprache.

Die organischen, psychischen und erzieherischen Hindernisse für die Sprachentwicklung stehen nicht isoliert nebeneinander, sondern beeinflussen sich wechselseitig. Am Beispiel von Hakan möchte ich diesen Zusammenhang verdeutlichen.

Der fünfjährige Hakan ist das einzige Kind in seiner Familie. Er besucht seit eineinhalb Jahren eine Kindertagesstätte. Von Anfang an fühlte sich der Junge in der Kita sehr wohl – das war schon morgens an seinen strahlenden Augen und seiner entspannten Körperhaltung abzulesen. Allerdings nahm er kaum Kontakt zu anderen Kindern auf. Hakan sprach kein Wort deutsch, er unterhielt sich auch nicht in seiner Muttersprache mit anderen türkischen Kindern oder Erwachsenen. Der Junge spielte vorwiegend allein mit Bausteinen, Spielfiguren oder Puzzles. Wenn sich die Erzieherin zu ihm setzte, ihm zuschaute oder an seinem Spiel teilnahm, freute er sich. Die Erzieherin erfuhr in einem Elterngespräch, dass Hakan sich auch zu Hause in der Muttersprache wenig äußerte, allerdings zeigten die Eltern keine Besorgnis, sondern meinten: „Die Sprache kommt schon noch." Inzwischen hatte die Erzieherin durch umfassende Beobachtungen herausgefunden, dass Hakan nicht, zumindest nicht ausreichend hören konnte. Es dauerte einige Wochen, bis die Eltern bereit waren, einen Facharzt aufzusuchen. Eine Mittelohroperation wurde dringend angeraten. Bis zu dieser Operation verging weitere Zeit.

Mittlerweile war der fröhliche Gesichtsausdruck des Jungen verschwunden. Kummer war an seiner Körpersprache und dem traurigen Gesichtsausdruck abzulesen. Es gab zwar keinerlei Konflikte zwischen Hakan und anderen Kindern, aber auch kaum Kontakt oder gemeinsame Spielaktivitäten. – Hakan war vorwiegend allein.

Große Zuneigung entwickelte Hakan zu seiner Erzieherin, die viele seiner körperlich ausgedrückten Bedürfnisse und Botschaften verstehen konnte. Sie unterstützte immer mehr seine anderen, kreativen Ausdrucksmöglichkeiten wie Malen und Modellieren oder seine sehr fantasievollen Konstruktionen mit Bausteinen und anderen Materialien. Diese pädagogische Intervention war genau das, was das Kind in seiner schwierigen Lebenssituation brauchte.

Nach und nach erhielt Hakan für seine kreativen Fähigkeiten Anerkennung von Kindern und Erwachsenen. Er spürte, dass er – trotz aller Widrigkeiten – etwas ausdrücken und bewirken konnte und von anderen Menschen beachtet und akzeptiert wurde. Sein Selbstwertgefühl stärkte sich allmählich.

Heute, einige Zeit nach der gelungenen Mittelohroperation, beginnt Hakan zu sprechen und macht in beiden Sprachen gute Fortschritte. Immer häufiger beteiligt er sich am Spiel der anderen Kinder oder rückt mit seinen Bausteinen ganz dicht an andere spielende Kinder heran und macht sich bemerkbar. – Für Hakan sind dies wichtige Schritte zur Erweiterung von Sprache, Kommunikation und Interaktion, über die sich die ErzieherInnen und Eltern freuen. Dennoch benötigt der Junge noch vielfältige Unterstützung, um die Defizite in seiner frühen Entwicklung ausgleichen zu können (siehe Praxis-Anregungen, S. 142 ff.).

Die Ursache für Hakans Sprachentwicklungsstörung lag primär im organischen Bereich. Für seine Schwerhörigkeit wurde eine nicht bemerkte Entzündung im Mittelohr, die schon einige Jahre zurück liegen musste, ursächlich verantwortlich gemacht. Nach Infektionen oder HNO-Erkrankungen kann es zu diesen Einschränkungen der Hör- und Sprachfähigkeit kommen. In welchem Alter dieser Zustand für den Jungen bedrohlich wurde und wie die Umwelt mit seinen Hilferufen umging, lässt sich nachträglich nicht mehr ergründen. Deutlich ist allerdings, dass sich die organische Beeinträchtigung im Verlauf der Entwicklung negativ auf das psychische Wohlbefinden und die Gesamtentwicklung des Kindes auswirkte. Hakan wurde allmählich zu einem unglücklichen, wenig beachteten und wenig selbstbewussten Kind, zu einem Kind mit schwierigen Lebensbedingungen, das immer mehr an den Rand der (Kinder-) Gemeinschaft rückte.

Der aufmerksamen, feinfühligen Erzieherin gelang es schließlich, einen Weg zu ihm zu finden und Veränderungen zu bewirken. Möglich wurde dies vor allem durch:

■ Entwicklung einer vertrauensvollen Beziehung zum Kind und Aufmerksamkeit für seine körperlichen Botschaften;

- umfassende Beobachtung des Verhaltens und des Entwicklungsstandes;
- Austausch mit Kollegen und Beraterin;
- Entwicklung einer kooperativen Beziehung zu den Eltern;
- Förderung der nichtsprachlichen Ausdrucksmöglichkeiten;
- behutsame Interventionen bezogen auf gruppendynamische Prozesse in der Kindergruppe.

In diesem Beispiel handelte es sich um eine vorübergehende Einschränkung der Sprachentwicklung. Die genannten Aspekte der Entwicklungsunterstützung durch Pädagog/innen gelten uneingeschränkt ebenfalls für die Förderung von Kindern mit einer dauerhaften Sprachbehinderung aufgrund körperlicher, geistiger oder sinnlicher Einschränkungen. Kinder mit einer Behinderung sind nicht wegen ihrer Behinderung „schwierige" Kinder. Sie können sich zu „schwierigen" Kindern entwickeln, wenn die Umwelt nicht angemessen auf ihre Art der Lebensäußerungen, der Kommunikation, Interaktion und Lernmöglichkeiten eingehen kann.

Teil II
Empfehlungen für die pädagogische Praxis

8 Hilfen bei der Problemanalyse

Um bestimmte Verhaltensweisen und Schwierigkeiten von Kindern besser zu verstehen, ist der Blick auf die Lebensumstände, auf die Familienkonstellation und andere Bereiche des sozialen Umfelds notwendig. Erst dann können angemessene Unterstützungsmaßnahmen überlegt und umgesetzt werden. Oftmals entspannt bereits ein genaueres Verständnis der Zusammenhänge von problematischen Verhaltensweisen die Beziehung zwischen Erzieherin und Kind und leitet positive Veränderungen ein. Einige Techniken und Methoden, die diesen Verstehensprozess unterstützen können, beschreibe ich im Folgenden.

8.1 Soziometrische Verfahren

Jacob L. Moreno, der Begründer des Psychodramas, entwickelte in den dreißiger Jahren des vergangenen Jahrhunderts die Soziometrie. Am bekanntesten und in der Pädagogik gebräuchlichsten ist das Soziogramm zur Darstellung von Beziehungen in Gruppen. Mit der Soziometrie wurde ein Instrument zur Erforschung und Diagnostik des sozio-emotionalen Beziehungsnetzes von Mitgliedern einer Gruppe geschaffen. Die emotionale Struktur der Gruppe wird im Hinblick auf ein bestimmtes Kriterium wie beispielsweise Beliebtheit, Vertrauen, Einfluss oder Macht untersucht und gemessen. Die Kriterien können auch in konkreten Fragestellungen enthalten sein, wie beispielsweise: „Mit wem würde ich am liebsten zusammen arbeiten, verreisen oder wohnen?" Durch verdeckte oder offene Wahlen bringen die Gruppenmitglieder ihre Gefühle wie Zu- und Abneigungen zum

Ausdruck – immer bezogen auf das vereinbarte Kriterium. Anziehung und Abstoßung gelten als die besonderen Pole für Wahlmöglichkeiten. Moreno hat dies das Gesetz der „sozialen Gravitation" genannt. Die graphische Darstellung der soziometrischen Untersuchungen (soziometrische Tests) wird Soziogramm genannt.

Die Soziometrie dient zugleich als Messinstrument und Interventionstechnik. Denn die subjektive Messung mit anschließender Veröffentlichung der Werte (nur in Gruppen mit Jugendlichen oder Erwachsenen möglich) zeigen Wirkung auf jedes einzelne Individuum und auf die Gruppe als Gesamtgefüge. Einige Gruppenmitglieder können durch ihr Gewählt- oder Nichtgewähltwerden (z. B. bezüglich des Kriteriums „Vertrauen") sehr überrascht, erfreut oder auch gekränkt sein. Möglicherweise sind sie darüber enttäuscht, dass ihr Selbstbild mit dem Fremdbild nicht übereinstimmt. In jedem Fall werden die wechselseitigen Reaktionen auf die soziometrischen Wahlen auch die Gruppenstruktur beeinflussen. Daher ist ein sorgsamer Umgang mit diesem Instrument notwendig. Ein außerhalb der Gruppe stehender Berater oder Supervisor kann mit seinen professionellen Möglichkeiten in der Nachbesprechung bisher verborgene und somit ungeklärte, problematische Beziehungen und Strukturen aufzeigen und zum Gegenstand seiner Beratung machen.

8.1.1 Das Soziogramm – ein Hilfsmittel im Kita-Alltag

Das Erstellen eines Soziogramms bietet eine gute Ergänzung neben anderen Beobachtungsformen für die Reflexion der Beziehungen in der Gruppe. Im Beratungsgespräch über ein schwieriges Kind kann ein Soziogramm zum besseren Verständnis des Geschehens beitragen. Dabei ist allerdings zu berücksichtigen, dass ein Soziogramm immer nur eine Momentaufnahme in einer begrenzten Situation ist. Aussagekräftiger sind mehrere Soziogramme, die in unterschiedlichen Alltagssituationen angefertigt wurden.

Über den Weg der *Befragungen* zu aussagekräftigen soziometrischen Daten zu gelangen, wie dies bei Erwachsenen oder älteren Kindern geschieht, ist bei Kindergartenkindern problematisch. Falls sie überhaupt den Sinn einer Frage wie z. B. „Neben wem möchtest du am liebsten sitzen?" verstehen, hängt die Beantwortung eher von tagesabhängigen Stimmungen, nicht aber von kontinuierlichen Empfindungen ab. Um die Beziehungen der Kinder untereinander oder die Strukturen der ganzen Kindergruppe zu erfassen, sind deshalb *Beobachtungen* ihrer Interaktion in verschiedenen Spielsituationen geeignet. Die interpersonellen Beziehungen werden im Soziogramm mit folgenden Symbolen graphisch dargestellt:

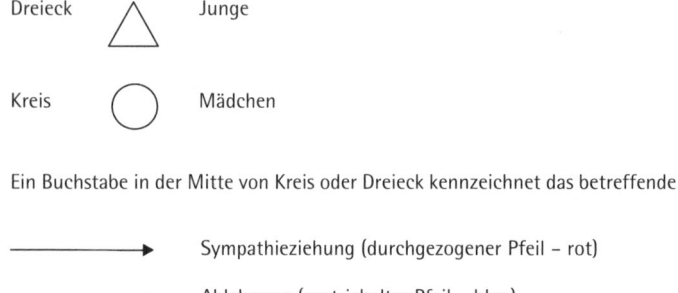

Dreieck   Junge

Kreis   Mädchen

Ein Buchstabe in der Mitte von Kreis oder Dreieck kennzeichnet das betreffende Kind.

Sympathieziehung (durchgezogener Pfeil – rot)

Ablehnung (gestrichelter Pfeil – blau)

Sympathiebeziehungen können einseitig verlaufen: Während ein Kind sehr um ein anderes Kind bemüht ist, zeigt dieses möglicherweise Ablehnung (gestrichelter Pfeil) oder keinen Kontakt (keine graphische Darstellung). Die Erzieherin kann die Beziehungen oder Nichtbeziehungen aller Kinder in einem Soziogramm darstellen und erhält auf diese Weise ein aktuelles Bild von Untergruppen (Zweier- oder Dreiergruppen) von besonders beliebten Kindern und Außenseitern.

Soll das soziale Gefüge eines besonderen Kindes innerhalb der Gruppe näher betrachtet werden, genügt der Blick auf die Darstellung mit der Aufzeichnung von Sympathie- und Ablehnungspfeilen. Alle Kinder, die in der Beobachtungssituation anwesend sind, werden ebenfalls aufgezeichnet und Datum sowie Zeitspanne der Beobachtung auf dem Blatt vermerkt.

Zur Veranschaulichung nehme ich das Soziogramm für Erkan (vgl. S. 57 ff.).

Erkan im Freispiel am Donnerstag, den ... Beobachtungszeitraum von 10.00 Uhr bis 10.30 Uhr

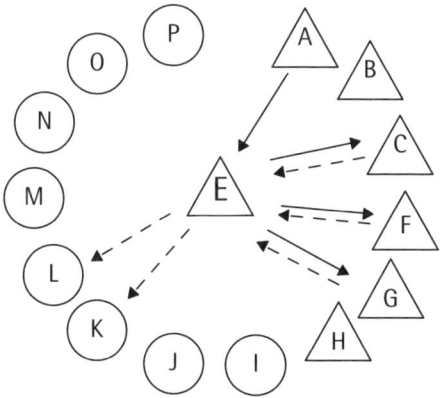

Auswertung

Wir erkennen im Soziogramm die wenigen Sympathiebekundungen des dreijährigen Erkan, die von den drei auserwählten sechsjährigen Jungen mit Ablehnung erwidert werden. Zwei Kinder (vierjährige Mädchen) lehnt Erkan ab, von einem vierjährigen Jungen wird ein Kontaktangebot (Sympathiepfeil) gemacht. Bemerkenswert sind die vielen „Nicht-Kontakte". Die Schlussfolgerung könnte sein, dass Erkans ganze Energie auf

Kontaktversuche zu den drei älteren Jungen gerichtet ist. So bleibt die Wahrnehmung anderer Kinder weitgehend aus. Weitere Soziogramme in anderen Situationen ergaben für Erkan ein ähnliches Bild.

8.1.2 Soziometrie mit bunten Bausteinen

Die Erzieherin ist ebenfalls Bestandteil des sozialen Gefüges einer Kindergruppe. Für die Bearbeitung von Konflikten mit Kindern ist die Betrachtung ihrer sozio-emotionalen Beziehungen, insbesondere von Nähe und Distanz, bedeutsam. Mit einer weiteren soziometrischen Technik können diese Beziehungen anschaulich werden. Hilfsmittel sind Bausteine, Münzen oder sogar unterschiedliche Schuhe u. a. m. An einem Beispiel möchte ich dieses Verfahren näher beschreiben.

Die Erzieherin Kerstin will in der Supervision die Beziehungsstruktur zwischen ihr und der Kindergruppe näher betrachten, um einen Ansatzpunkt für Konflikte mit Sven zu erhalten. Als Hilfsmittel wählt sie bunte Duplosteine aus. Zu Beginn stellt sie eine Duplo Frauenfigur als Symbol für die eigene Person in die Mitte. Aus ihrem aktuellen Empfinden von Nähe und Distanz zu den Kindern gruppiert sie nach und nach zwölf Steine um diese Mittelfigur herum. Sie wählt rote Steine für Mädchen und blaue für Jungen. Die Bausteine bekommen einen unterschiedlich nahen oder entfernten Platz zu ihrer Position zugewiesen. Kerstin verschiebt sie solange, bis die Abbildung mit ihrer Vorstellung und ihrem Gefühl der sozio-emotionalen Beziehungen übereinstimmt. An dieser Stelle kann eine Auswertung erfolgen.

Die Wahl der Bausteine mit unterschiedlichen Formen, Größen oder Farben sowie die dargestellte Nähe und Entfernung der jeweiligen Kinder zur Erzieherin sind aufschlussreich und geben Hinweise für die Analyse des Problems. Interessant ist auch die Reihenfolge, in der die Kinder/Steine aufgestellten werden.

In der Arbeit mit Kerstin gibt es eine interessante Wende. Sie
äußert zwar, dass ihr Bild fertig sei, betrachtet aber mit ange-
strengtem Gesichtsausdruck weiterhin den blauen Stein von
Sven. Zuvor hat sie ihn schon einige Male hin und her gescho-
ben. Daher frage ich: „Ganz stimmt es noch nicht, oder?" – „Ja,
mit Sven stimmt es noch nicht."

Zu meiner Überraschung greift sich die Erzieherin aus der
Kiste mit den Duplosteinen einen kleinen Wagen mit vier Rä-
dern und setzt Svens Stein darauf. Kerstin erläutert ihr Handeln:
„Der ist immer in Bewegung und unsere Beziehung auch." Sie
gibt dem Wagen einen kleinen Schubs, „Sven" und sein fahr-
barer Untersatz rollen eine Strecke, unterwegs werden drei
Steine umgefahren. Kerstins Kommentar: „Ja, genau so ist es. Eigentlich mag ich den Sven gern, meistens haben wir einen guten
Draht zueinander. Dann würde ich ihn auch dicht neben mir
aufstellen. Wenn er aber so rumtobt und andere Kinder verletzt,
bin ich furchtbar sauer auf ihn. Der kennt überhaupt keine
Grenzen."

Und schon sind wir mitten der Supervision, das Thema
lautet: „Wie gelingt mir das richtige (professionelle) Maß an
Nähe und Distanz zu Sven?" Kerstin mag den Jungen sehr, er
erinnert sie in Aussehen und Temperament an ihren Sohn, als
der in diesem Alter war. Sie hat sich in den vergangenen Monaten sehr um Sven bemüht, viel Energie und Liebe investiert
und ist meistens persönlich enttäuscht oder gekränkt, wenn
Sven wieder seine „Ausraster" hat. An dieser emotionalen Ver-
wicklung können wir in der Supervision weiterarbeiten und
eine Entspannung (Entwicklung) für die Beziehung der beiden
und somit Hilfemaßnahmen aus der professionellen Distanz
besprechen.

8.1.3 Das soziale Atom

Eine weitere Möglichkeit, die Lebenssituation eines Kindes oder einer Familie mit Problemen zu erfassen, ist die soziometrische Technik des „sozialen Atoms". Nach Moreno ist das soziale Atom „die kleinste notwendige soziale Einheit, in der das Individuum aufgehoben sein muss, um existenzfähig zu sein" (Zeitlinger-Hochreiter 1996, S. 78). Zu dieser „existenziell notwendigen sozialen Einheit" gehören Personen, mit denen das Individuum mehr oder weniger viel zu tun hat. Erweitert werden kann das soziale Atom auch um Tiere, Ereignisse, Gegenstände oder eine bereits verstorbene Person, soweit sie eine wichtige Rolle spielen.

Dieses Verfahren ist eine spezielle Form des Soziogramms. Hier wird nicht das sozio-emotionale Beziehungsgeflecht in einer Gruppe betrachtet, sondern die emotional wichtigen Bezugspersonen im Alltag einer Person. Der Blick richtet sich auf Erkenntnisse über die Anzahl und Art der Bezugspersonen und ihre Positionierung zur betreffenden Person.

Im allgemeinen gestaltet jeder sein eigenes soziales Atom, um Anhaltspunkte für bestimmte Probleme und deren Bearbeitung zu erhalten. Für unsere Zwecke wird allerdings die Erzieherin diese Soziometrie aus der Sicht des Kindes erarbeiten, zwangsläufig wird dabei auch ihre persönliche Sichtweise einfließen.

Das soziale Atom kann auf unterschiedliche Weise ermittelt werden, z. B. durch eine graphische Darstellung. Wie bei einem Soziogramm werden ein Dreieck für männliche und ein Kreis für weibliche Personen gewählt. Gibt es eine nicht mehr lebende Person, die emotional noch von Bedeutung ist, dann werden die Umrisse von Kreis oder Dreieck gestrichelt.

Die Bedeutung der Personen wird durch die Größe der Symbole, die emotionale Nähe durch den Abstand voneinander graphisch dargestellt.

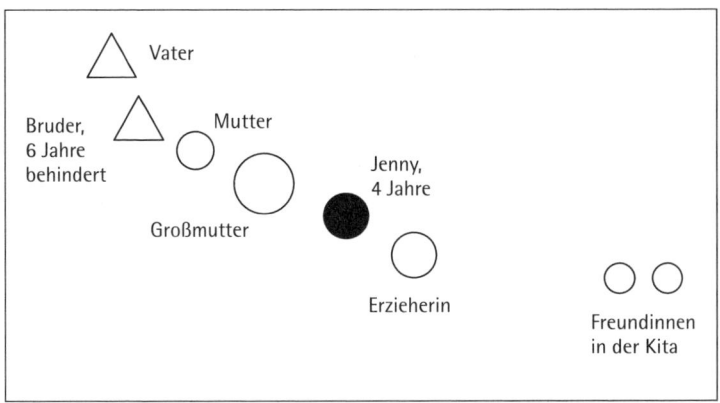

Dieses soziale Atom der kleinen Jenny, graphisch dargestellt aus der Sicht ihrer Erzieherin, zeigt u. a. die Distanz zu Mutter und Vater, die sich um den behinderten Bruder kümmern (müssen). Die Oma versorgt das Kind, sie ist (oder macht sich) sehr wichtig. Die Erzieherin hat sich emotional bedeutsamer als die Mutter gezeichnet, denn sie sorgt sich sehr um das meistens traurig blickende Kind. Die einzigen gleichaltrigen Spielgefährten befinden sich in großer Entfernung.

Die Leserinnen und Leser mögen noch weitere Deutungen finden. Im notwendigen Gespräch mit den Eltern kann das soziale Atom als aktuelle Bestandsaufnahme in graphischer Form die schwierige Situation von Jenny wahrscheinlich besser veranschaulichen als viele Worte.

Soziales Atom mit Münzen

Für jede Bezugsperson im sozialen Atom wird eine Münze gewählt und auf ein Blatt Papier gelegt. In der Wahl der Münzen – groß, klein, glänzend, abgegriffen usw. – schlägt sich schon der emotionale Wert nieder. Der Vorteil dieser Methode besteht darin, dass die Münzen beweglich sind und Nähe und Distanz ausprobiert werden können, bis sie emotional „passen". Soll dieses soziale Atom aufbewahrt werden, können die Umrisse auf das Blatt aufgemalt werden.

Ein lebendiges soziales Atom

Dieses Verfahren kann nur in einer Gruppe von mehreren Personen Anwendung finden. Die Gruppenteilnehmer/innen werden in der Rolle der jeweiligen Bezugsperson im Raum aufgestellt. Ein Vorteil besteht darin, dass die Bezugspersonen durch Körperhaltung und Stimme agieren können. Sie fühlen sich in die zugewiesene Rolle bzw. Position ein und können in der Nachbesprechung ihre Gefühle verbal zum Ausdruck bringen. Der Protagonist, d. h. derjenige der das soziale Atom aufstellt, kann in seiner Position unmittelbar die Wirkung dieses Beziehungsgeflechtes erspüren. (Siehe dazu das soziale Atom von Tobias, S. 158)

8.2 Kollegiale Beratung

Die kollegiale Beratung ist eine selbstorganisierte Form von fachlicher Beratung unter Mitarbeiterinnen und Mitarbeitern eines Arbeitsfeldes. Sie dient dem fruchtbaren Austausch von Erfahrungen, der Reflexion des beruflichen Handelns und einer gezielten kollegialen Hilfestellung. Das Instrument der kollegialen Beratung kann im Bedarfsfall, d. h. auf Anfrage ratsuchender Mitarbeiter/innen, oder in regelmäßiger, fest etablierter Form (wöchentlich, monatlich) genutzt werden.

Jede Sitzung wird von einem Mitglied dieser Gruppe geleitet bzw. moderiert. Diese Aufgabe kann eine in der Gesprächsleitung erfahrene Person übernehmen, oder aber die Moderation wird nach einem verabredeten Modus gewechselt. Bei regelmäßig stattfindenden kollegialen Beratungssitzungen ist ein Wechsel „reihum" sinnvoll, denn diese Position beinhaltet ebenfalls vielfältige Erfahrungs- und Entwicklungsmöglichkeiten. Sicherheit in Moderation und Gesprächsführung kann nur im aktiven Handeln erworben werden. Die Gesprächsleitung ist nicht verantwortlich für die Problemlösung, sondern hat die Aufgabe, das Beratungsgespräch zu strukturieren und auf die Einhaltung der festgelegten Verabredungen zu achten, z. B.:

- Alle Gruppenmitglieder berücksichtigen im Beratungsverlauf den Grundsatz der gegenseitigen Achtung und Wertschätzung.
- Die vorgetragene Situationsschilderung und die bisherigen pädagogischen Interventionen werden nicht bewertet oder kritisiert.
- Dem Ratsuchenden werden keine vorschnellen Lösungsmöglichkeiten (Rezepte) aufgedrängt.

Der Ablauf einer kollegialen Beratung kann idealtypisch in verschiedene Phasen eingeteilt werden:

1. Sondierung der Themen und Entscheidung für die Bearbeitung eines Falles.

Am Anfang der Sitzung oder bereits im Vorfeld wird festgelegt, welches Thema bzw. welcher Fall bearbeitet werden soll. Die übrigen Gruppenmitglieder erklären ihre Bereitschaft, daran mitzuwirken. Bei mehreren Arbeitswünschen muss entweder nach Dringlichkeit entschieden oder überlegt werden, ob die Zeit für mehrere Themen ausreicht.

2. Darstellung der Situation/ Problematik

Die ratsuchende Kollegin schildert die Situation, um die es ihr geht, sachlich und genau. Verdeutlichende Hilfsmittel wie beispielsweise Bilder des Kindes, ein Soziogramm oder ein graphisch dargestelltes soziales Atom erleichtern das Erfassen der Situation.

3. Informationssammlung

Die Kolleginnen können nun rückfragen, um zu einem umfassenderen Verständnis der vorgetragenen Situation zu kommen. Hierbei soll nicht kritisiert, interpretiert oder eine vorschnelle Lösung angeboten werden.

4. Reflexionsphase

Die Beraterinnen vergegenwärtigen sich das Problem: „Was habe ich gerade gehört?" – „Was kenne ich davon aus meiner Arbeit?" Dann tauschen sie ihre Gedanken miteinander aus. Hintergründe, besondere Umstände, eigene Einschätzungen u. Ä. werden in der Runde diskutiert. Die Ratsuchende schweigt in dieser Zeit, eventuell macht sie sich beim Zuhören Notizen.

5. Stellungnahme der Ratsuchenden

Die ratsuchende Kollegin nimmt zu den diskutierten Aspekten Stellung. Sie teilt mit, was für sie neu, interessant und praktisch relevant ist. Auch eventuell vorhandene Missverständnisse können aus dem Weg geräumt werden. (Möglicherweise muss dann noch einmal zur 3. Phase zurückgekehrt werden.)

6. Strategieentwicklung

Die Beraterinnen teilen ihre Vorschläge zu ersten Veränderungsschritten oder zur Lösung des Problems mit.

7. Rückmeldung

Die beratene Kollegin gibt eine Rückmeldung zu den Vorschlägen der Kolleginnen und zum Verlauf des Beratungsprozesses.

8. Integrationsphase

Die übrigen Kolleginnen teilen sich und der beratenen Kollegin mit, was sie für ihr eigenes berufliches Handeln bei der Bearbeitung dieses Falles gelernt haben. Durch dieses „sharing" (teilen) fällt es der ratsuchenden Kollegin, die sich bisher in einer sehr exponierten Position befand, leichter, aus dieser Rolle zurück in die Gruppe zu wechseln. Es ist entlastend, wenn die Kolleginnen mit ihr ähnliche Probleme teilen und gemeinsam von neuen Erkenntnissen berichten, die für das berufliche Handeln gewonnen werden konnten.

8.3 Supervision

Seit etwa dreißig Jahren gehört in Deutschland Supervision zum festen Bestandteil der Praxis in den unterschiedlichen psychosozialen Arbeitsfeldern. Der Begriff „Supervision" ist aus dem Lateinischen „supervidere" abgeleitet und bedeutet ursprünglich „etwas von oben überblicken" (super = über, videre = sehen).

Bereits Ende des 19. Jahrhundert wurde der Begriff Supervision in den USA geprägt und bezog sich auf Anleitung und Kontrolle der engagierten Laienhelfer/innen in der amerikanischen Sozialarbeit. Heute wird unter Supervision nicht mehr Kontrolle und Anleitung verstanden, sondern eine Form von Beratung bei Problemen des beruflichen Handelns. Sie wird zu persönlichem Wachstum und zur Weiterentwicklung der professionellen Kompetenz genutzt.

Die Supervisand/innen (die zu Beratenden) bringen in der Supervisionssitzung ihre Fragen und Konflikte aus der beruflichen Praxis ein und versuchen, neue Sichtweisen, Entscheidungen und alternative Handlungsmöglichkeiten zu erarbeiten. Dazu ist es notwendig, das eigene Handeln und die institutionellen Rahmenbedingungen zu reflektieren. Der Supervisor unterstützt diesen Prozess mit seiner persönlichen Haltung (Menschenbild) und seinen supervisorischen Techniken entsprechend seiner theoretischen Supervisionsmethode. Die meisten dieser Methoden orientieren sich an bestimmten psychotherapeutischen Schulen wie beispielsweise der Psychoanalyse, dem Psychodrama, der Gestalttherapie oder der systemischen Familien-

therapie. Supervision kann als Einzel-, Team- oder Gruppen-
supervision stattfinden.

Grundsätze der Supervision sind Freiwilligkeit und Vertrau-
lichkeit. Die Aufgabe des Supervisors besteht zunächst darin, die
Würde aller Supervisionsteilnehmer/innen zu achten (vor allem
in einer konfliktreichen Teamsupervision) und einen Rahmen
zu gestalten, in dem sich alle geschützt fühlen. Nur dann sind
die Gruppenteilnehmer/innen bereit und der Lage, schwierige
Themen anzusprechen und an ihren persönlichen und beruflichen Kompetenzen zu arbeiten. Da hier Offenheit gefordert ist,
darf der Supervisor gegenüber den zu Beratenden in keiner wei-
sungsbefugten Funktion stehen.

8.3.1 Supervision in der Kindertagesstätte

Im Arbeitsfeld von Pädagog/innen gibt es vielfältige Anlässe für
Supervision: nicht nur bei Konflikten im Team, sondern auch
bei strukturellen Veränderungen in der Kita (Organisationsbera-
tung) oder bei den zahlreichen individuellen Herausforderungen
im Umgang mit einzelnen Kindern und Eltern. In allen Bereichen
kann es zu Verwicklungen, Missverständnissen, Konflikten und
verzerrten Wahrnehmungen und unangemessenen Verhaltensweisen kommen, die ein angemessenes und professionelles Handeln blockieren. Spontaneität und Kreativität – wichtige Ressourcen, um im beruflichen Alltag und schwierigen Situationen
kompetent reagieren zu können – werden gehemmt. Daher kann
das Ziel von Supervision auch als Entwicklung oder Wiederher-
stellung jener Kompetenzen beschrieben werden, die uns – entsprechend unserer Person, Rolle und Aufgabe – angemessen handeln lassen.

Manchmal ist für die Klärung eines Problems eine Sitzung
von zwei bis drei Stunden ausreichend, andere Fragestellungen
oder Konflikte erfordern kontinuierliche Zusammenkünfte

über einen längeren Zeitraum. Der Ablauf einer Sitzung wird entsprechend dem theoretischen Hintergrund des Supervisors in verschiedene Phasen eingeteilt. Im Psychodrama z. B. ergeben sich idealtypisch folgende Phasen:

Erwärmung

Einstimmen und Anwärmen durch Gespräche, körperliche oder kreative Aktivitäten für die folgende Arbeit.

Sondierung, Entscheidung

Mit Gesprächen und psychodramatischen Methoden werden die aktuellen Themen der Gruppenteilnehmer/innen zusammengetragen, um dann über den Arbeitsschwerpunkt der Sitzung zu entscheiden.

Bearbeitung

Aufbau von Szenen, Rollenübernahme durch Gruppenmitglieder, Rollentausch, Doppeln, Spiegeln, Begegnung u. a.

Entwicklung von neuen Handlungsschritten durch „Probehandeln in der Zukunft" in ausgewählten Szenen, Stehgreifspiel u. a. m.

Integration, Evaluation

Rückmeldungen des Protagonisten/der Protagonistin (der handelnden Person) und der Gruppenmitglieder, Reflexion des Klärungsprozesses und der Frage nach der Zielerreichung der Sitzung.

Zum Gesamtprozess gehört es auch, die neuen Handlungsschritte in der Wirklichkeit, d. h. am konkreten Arbeitsplatz zu erproben. Rückmeldungen zu diesem Prozessschritt werden zu Beginn einer folgenden Sitzung eingeholt.

8.3.2 Fallbeispiel: Was ist mit Tobias los?

Das Team einer Kindertagesstätte hatte für die jährliche Fortbildungswoche auch das Thema „Umgang mit schwierigen Kindern" eingeplant. Neben der Vermittlung theoretischer Zusammenhänge sollte auch an konkreten „Fällen" in Form von Supervision gearbeitet werden. Im Folgenden schildere ich den „Fall Tobias":

Das Team hat sich sehr schnell darauf geeinigt, sich zuerst mit Tobias zu beschäftigen, denn der Junge ist mit seinem problematischen Verhalten ständiges Thema unter den Mitarbeiterinnen und Mitarbeitern.

Mit Hilfe der Pädagog/innen (dreizehn Frauen, zwei Männer) wird ein erstes Bild von Tobias zusammengetragen: Tobias ist neun Jahre alt, seit drei Jahren im Hort der Kita und fällt auf durch vermehrtes aggressives Verhalten, übermäßige motorische Unruhe wie Herumrennen in der ganzen Kita, gelegentliches „Abhauen" aus der Einrichtung sowie Verletzungen der Gruppenregeln. In letzter Zeit wird das problematische Verhalten um gewalttätige Äußerungen, wie z. B. „Ich steche dir die Augen aus (…)" erweitert. Aus der Grundschule kommt er oft zu spät in den Hort, er mag selten mit den anderen Hortkindern zusammen essen – lieber isst er überhaupt nicht. Tobias macht am liebsten, „was er will", es wird immer schwieriger, ihn in die Gruppe zu integrieren. Gespräche oder Reglementierungen durch die Horterzieher/innen im „Guten" oder mit Strenge zeigen nur kurzfristig Wirkung. Seit vier Jahren bekommt Tobias Ritalin, weil der Kinderarzt ADS diagnostiziert hatte. Kita-Leitung und Erzieher/innen hatte davon erst vor kurzem Kenntnis erhalten.

Trotz aller Schwierigkeiten kommt der Junge meistens gern in die Kita. Die Pädagog/innen sind einerseits oft „genervt" und wegen der aggressiven Ausbrüche in Sorge um die anderen Kinder. Andererseits sehen sie auch viele liebenswerte Seiten, beispielsweise seine Hilfsbereitschaft und seine kreativen Ideen. Sie mögen das Kind und möchten ihm helfen.

Bevor wir über Hilfemaßnahmen für Tobias nachdenken, soll ein Blick auf das soziale Gefüge, dessen Interaktion und Kommunikation geworfen werden. Der Erzieher von Tobias, ich nenne ihn Peter, erklärt sich bereit, mit meiner Unterstützung das „soziale Atom" des Jungen aufzustellen. Die übrigen Teammitglieder sind damit einverstanden, in diesem Bild Rollen zu übernehmen. Damit der Ablauf dieser psychodramatischen Arbeit verständlich ist, erläutere ich einige methodische Schritte:

Der Erzieher Peter ist der *Protagonist* dieser psychodramatischen Arbeit. Das soziale Atom wird aus seiner Sicht aufgebaut, d. h. wenn Kolleginnen eine andere Sichtweise oder Wahrnehmung der Situation haben, ist dies nur in der Nachbesprechung von Bedeutung. Die Team-Mitglieder, die eine Rolle übernehmen, sind die *Antagonisten* und versuchen, sich in die Rolle einzufühlen. Erleichtert wird dieser Rollentausch dadurch, dass zunächst Peter (der Protagonist) die jeweilige Rolle in Körperhaltung und Positionierung zum Kind Tobias einnimmt. Für die Person Tobias wählt Peter zu Beginn eine Erzieherin aus und gibt ihr einen Platz im Raum.

Damit die verschiedenen Bezugspersonen in ihrer Persönlichkeit etwas deutlicher werden, führe ich mit ihnen (genauer gesagt mit Peter, jeweils in der Rolle der Person) ein kurzes Gespräch: ein psychodramatisches Interview. Dann übernimmt das vorher ausgewählte Team-Mitglied die Rolle. Vom Protagonisten sind Konzentration und Einfühlungsvermögen in die verschiedenen Personen gefordert. Dabei unterstütze ich ihn. Peter taucht letztendlich so intensiv in diese Aufgabe ein, dass ihm immer neue wichtige Personen im Umfeld von Tobias einfallen und er diese auf die „Bühne" holt – bis wir schließlich das gesamte Team in Aktion haben. Auf diese Weise entsteht ein „soziales Atom" von Tobias mit vielen wichtigen Personen.

Peter formuliert für jede Person einen Satz, eine Botschaft an das Kind, um die innere Einstellung zu Tobias noch zu verdeutlichen.

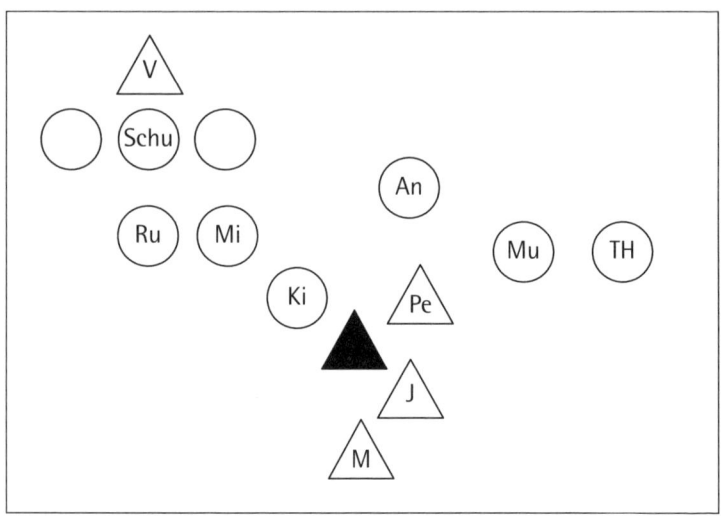

Erarbeitung eines „lebendigen" sozialen Atoms von Tobias

Erarbeitung eines „lebendigen" sozialen Atoms von Tobias

T – Tobias, Hortkind, neuneinhalb Jahre alt.

Mu – (Mutter): Sie wird schräg hinter Tobias aufgestellt, blickt nach unten, lächelt ohne Bezug zu einer Person, es gibt keinen Blick- oder Körperkontakt zum Sohn. Die Mutter ist arbeitslos, hat ein Alkoholproblem und kümmert sich wenig um den Sohn. Ihr Satz: „Du schaffst das schon, du hast ja ein Handy und einen Schlüssel."

V – (Vater): Er wird ganz hinten im Bild aufgestellt. Zum Schluss, wenn alle Personen stehen, stellt er sich auf die Zehenspitzen, um Tobias sehen zu können. Die Eltern haben sich vor einigen Jahren getrennt und nur noch wenig Kontakt miteinander. Der Vater wohnt in der Nähe der Mutter, manchmal geht Tobias nach der Schule zu ihm. Absprachen darüber werden weder mit Mutter noch mit Vater getroffen, es ist offensichtlich völlig egal, wohin Tobias nach Ende des Hortes geht.

Im Interview mit dem Vater wird deutlich, dass er seinen Sohn mag und ihn klug findet. Er selber war auch so ein aufgewecktes und aktives Kind. Der Vater ist allerdings nicht zuverlässig, z. B. hat er das Geld für eine gemeinsam geplante Reise in Alkohol umgesetzt. Sein Satz: „Ich finde dich prima!"

An – (Anne): Die Schwester ist 19 Jahre alt und hat einen anderen Vater als Tobias. Anne wohnt allein in der Nähe, manchmal geht Tobias nach der Schule auch zu ihr. Anne mag ihren Bruder, findet ihn ziemlich klug, weiß aber nicht, was bei „diesem Zuhause" aus dem Bruder werden soll. Anne hat gerade ihr Abitur gemacht. Kontakt zur Mutter hat sie nicht. Ihr Satz: „Du bist in Ordnung Tobias, aber tu mehr für die Schule!"

Th – (Therapeutin): Sie steht seitlich hinter dem Jungen, etwas entfernter als die Mutter. Frau W. arbeitet seit vier Jahren mit Tobias (Spieltherapie). Früher holte sie ihn einmal pro Woche aus dem Hort in ihre Praxis, jetzt geht Tobias allein dort hin. Ihre Gefühle dem Jungen gegenüber sind ambivalent: Einerseits ist über die vielen Jahre ein gewisses Vertrauensverhältnis entstanden, andererseits konnte sie nachts nicht mehr schlafen, nachdem der Junge in der Therapie furchtbar brutale Phantasien geäußert hatte. Ihr Satz: „ Ich weiß auch nicht, wie ich dir helfen kann."

Schu – (Schule): Drei Personen als Block. Eigentlich wollte Peter die Lehrer von Tobias bzw. die Schule nicht aufstellen, weil die Haltung der Schule „zu schlimm" sei. Andererseits gehört diese Institution als wichtiger Bestandteil zum sozialen Umfeld des Kindes. Hier gibt es keinen unterstützenden Kontakt zu Tobias, im Gegenteil, es gab massive Probleme, als das Ritalin einmal abgesetzt wurde. Die Einnahme des Psychopharmakons wird von der Schule eingefordert. Der Satz: „Du kannst nur zu uns kommen, wenn du dein Ritalin nimmst."

Ru und Mi – (die beiden Horterzieherinnen): Sie stehen dicht zusammen links hinter Tobias, noch vor der „Schulmauer". Beide haben ambivalente Gefühle gegenüber Tobias, manchmal mögen sie ihn, meistens finden sie den Jungen allerdings schwierig. Sie sprechen den gleichen Satz – Ruth genervt mit aufstampfendem Fuß, Miriam eher verzweifelt: „Benimm dich endlich mal!"

KL – (de Leiterin): Sie mag Tobias (meistens) gern, er kommt oft zu ihr ins Büro, unterhält sich oder beschäftigt sich dort. Dabei hält er sich an Absprachen, die für diese „Auszeit" getroffen sind. Die Leiterin steht neben dem Jungen, legt einen Arm um seine Schulter und hat zwei Botschaften: Ihr Satz: „Du bist ganz in Ordnung Tobias – die paar Fehler können wir auch noch verändern."

Pe – (Peter): Der Horterzieher mag den Jungen gern und meint, Tobias sei pfiffig, witzig, klug und manchmal frech. Aber genau so war er auch als Junge. Noch heute hat Peter mit Strukturen oder Reglementierungen seine Schwierigkeiten. Er steht ähnlich dicht wie die Leiterin auf der anderen Seite neben Tobias und legt eine Hand auf die Schulter des Jungen. Sein Satz ist ähnlich: „Du bist O.K., Tobias. – Ein paar Sachen kriegen wir auch noch hin."

Jo – Jonas ist sieben Jahre alt und Hortkind. Er freut sich immer, wenn Tobias da ist, manchmal spielen sie zusammen. Der Junge steht vor Tobias und schaut strahlend in seine Augen. Der Satz: „Tobias, dich finde ich ganz toll."

Mc – Marcel ist ein sechs Jahre altes Hortkind. Er bewundert den großen Tobias sehr und freut sich, wenn beide etwas zusammen unternehmen. Marcel steht hinter Jonas und nimmt ebenfalls Blickkontakt auf. Sein Satz: „Du bist der Allergrößte."

Zum Schluss sind alle wichtigen Rollen in diesem sozialen Atom aufgebaut. Als letzte Aktion auf der Bühne findet ein Rollentausch zwischen Peter und Yüksel statt, die bis dahin die Rolle von Tobias inne hatte. Peter fühlt sich in den Jungen ein und hört nacheinander von allen Mitspielern den Satz, der an Tobias gerichtet ist. Auf meine Nachfrage berichtet er, dass am allerschlimmsten die Worte der Schule in seinem Ohr klingen, aber auch das andere ist kaum anzuhören. Am liebsten würde er jetzt sofort aus dem Fenster springen.

Mit dem Ent-Rollen, einem kräftigen Recken und Strecken und Körperausschütteln, endet die Arbeit auf der Bühne. Die Pädagog/innen sind sehr berührt von dem Erlebten und müssen unbedingt erst einmal alle Fenster öffnen, um Luft zu schöpfen.

Auswertung

Die ausführliche Nachbesprechung fasse ich nur kurz zusammen. Alle Pädagog/innen äußerten sich froh darüber, diese gemeinsame Arbeit geleistet zu haben. Einfühlung und Verständnis für die schwierigen Lebensbedingungen und viele Verhaltensweisen des Jungen konnten auf diese Weise entstehen.

Die Pädagog/innen erkannten und spürten, dass Tobias schon seit vielen Jahren weder von Mutter noch vom Vater Fürsorge und Halt erwarten kann, er muss mit vielen Problemen alleine klar kommen. Tobias benötigt neben Fürsorge und liebevoller Zuwendung auch Strukturen, Regeln und Grenzen. Obwohl er häufig dagegen verstößt, sehnt er sich nach Bezugspersonen, die ihm – in einem gewissen Rahmen – Grenzen/Halt aufzeigen können. Die Hort-Pädagog/innen wollen zukünftig die wichtigsten, unbedingt einzuhaltenden Regeln mit Tobias zusammen vereinbaren und ihm in regelmäßigen Abständen eine Rückmeldung für sein positives wie negatives Verhalten geben.

Aufgefallen ist, dass die meisten Personen im Rücken des Jungen stehen. Um (Blick-) Kontakt zu bekommen, muss Tobias sich bemühen, indem er sich zu ihnen umdreht. – Diese Situation entspricht der alltäglichen Realität des Kindes in Schule, Familie und im weiteren sozialem Umfeld, das bedeutet für die Pädagog/innen, die Art und Weise ihrer Interaktion mit Tobias noch einmal genauer zu überprüfen.

Viele verbale Botschaften sind doppeldeutig formuliert, wie beispielsweise: „Du bist in Ordnung, – aber (…)" – Für Tobias Selbstwertempfinden bedeutet das Verwirrung und ein Gefühl von „ich bin nicht richtig". Seine körperliche Anspannung und Hyperaktivität sind ein eindringlicher Ausdruck davon.

Für alle Beteiligten ist dies ein wichtiger Hinweis, darauf zu achten, dass deutlich getrennt werden muss zwischen einer berechtigten Kritik am Verhalten eines Menschen und der Wertschätzung und Achtung seiner Persönlichkeit.

Es war deutlich zu sehen, dass der Weg zwischen Vater und Sohn weit und mit zahlreichen Hürden versehen ist (Schule, Erzieherinnen der Kita). Vom Vater sind wenig Anstrengungen zur Überwindung der Hindernisse zu erwarten, aber dennoch wünscht sich Tobias sehnlich einen präsenten Vater. – Horterzieher/innen und Leitung wollen prüfen, in welcher Weise die Kita Kontakt zum Vater knüpfen kann.

Sehr deutlich wurde, wie wenig Unterstützung Tobias durch die Therapeutin bekommt. Sie arbeitet zwar seit vier Jahren mit ihm, aber offenkundig konnte sie keinen Zugang zu seinen Problemen finden. – Möglicherweise kann ein Gespräch mit der Therapeutin zu einer Kooperation und besseren Hilfestellungen führen.

Durch Peters Rückmeldung aus der Rolle von Tobias konnte man mitfühlen, wie wichtig und heilsam für Tobias die uneingeschränkte Akzeptanz der beiden jüngeren Hortkinder ist. – Hier wurde auch deutlich, wie fähig Tobias zu sozialen Kontakten ist, wenn ihm Wertschätzung und Anerkennung entgegen gebracht wird.

Wenn man das graphisch dargestellte soziale Atom genau betrachtet, drängt sich die Vermutung auf, dass Tobias sich eine Ersatz-Familie gesucht hat, einerseits die Kita insgesamt und ganz konkret einen Ersatzvater und eine Ersatzmutter, sowie jüngere Geschwister (vgl. Schutzfaktoren, S. 90 ff.). In diesem Zusammenhang bekommt eine „Marotte" von Tobias ein anderes Gewicht: Die Kita liegt auf dem Wege zwischen der Wohnung von Tobias und der Schule. Jeden Morgen führt der Schulweg des Jungen über die Kita. Er vollzieht eine kurze Runde durch die Horträume, begrüßt Leitung und einige ErzieherInnen und setzt seinen Schulweg fort.

Die Kita hat in Tobias Leben offensichtlich einen hohen Stellenwert, sie ist für ihn ein Stück Familie und Heimat. Tobias soll allerdings in sechs Monaten, zu den Sommerferien, aus dem Hort abgemeldet werden. Seine Mutter ist der Meinung, dass ihr Sohn nun alt genug ist, um ohne den Hort klar zu kommen und außerdem will sie das Betreuungsgeld einsparen.

Um diese Katastrophe für Tobias zu mildern, wollen die Pädagog/innen dem Jungen ein Angebot unterbreiten, dass er unter bestimmten Regelungen und Verhaltensabsprachen an zwei Tagen weiterhin nach der Schule in den Hort kommen kann.[25]

Nachtrag: Mit dieser ausführlichen Beschreibung sollte verdeutlicht werden, wie hilfreich eine solche supervisorische Arbeit sein kann, um eine festgefahrene oder noch nicht begreifbare Situation aus einem anderen Blickwinkel zu betrachten und zu Erklärungen und Verständnis zu gelangen. Der nächste Schritt, die gemeinsamen Überlegungen zu Hilfestellungen, gelingt auf dieser Basis angemessener.

Für dieses soziometrische Verfahren wird eine fachkundige Anleitung benötigt, andere Methoden, wie das Soziogramm oder das Soziale Atom mit Gegenständen zu erarbeiten, ist längst nicht so aufwendig und umfangreich und kann daher gut selbstständig durchgeführt werden.

---

[25] Bis zur Fertigstellung dieses Buches ist einige Zeit vergangen und Tobias hat inzwischen einen eigens mit ihm erarbeiteten Gast-Vertrag erhalten (und unterschrieben). Geregelt sind u. a. die Besuchstage, Ansprechpartner/innen, Abmeldeverfahren sowie die Übernahme bestimmter kleiner Aufgaben. Seit vier Monaten klappt die Kooperation bei dieser Lösung hervorragend.

9 Beziehungsarbeit und Kommunikation

Erziehung setzt die emotionale Zuwendung zum Kind und die Fähigkeit zum Aufbau einer guten, verlässlichen Beziehung voraus. Wenn Kinder mit ihren Stärken und Schwächen akzeptiert werden, sich in der Kita wohl fühlen und eine vertrauensvolle Beziehung zur Erzieherin entwickeln, sind dies die besten Voraussetzungen für alle weiteren Bildungsangebote und auch dafür, problematische Lebensphasen zu bewältigen.

In der Beziehungsarbeit geht es um das Herstellen einer gefühlsmäßigen Verbindung, um die innere Verbindung zu den anvertrauten Kindern (vgl. Abschnitt Beziehung und Bindung, S. 27 ff.) und in zweiter Linie zu den Erwachsenen (vgl. Kapitel Eltern, S. 170 ff.). Voraussetzung für diese Aufgabe ist das Vermögen der Erzieher/innen, Kinder in ihrer Individualität zu akzeptieren, wertzuschätzen und liebevoll mit ihnen umzugehen. Der Beziehungsaufbau zu neuen, schüchternen oder problembeladenen Kindern gelingt oft leichter über gemeinsame körperliche Aktivitäten, gemeinsames Lachen, Toben und Entspannen. Körperliche Berührung heißt auch „berührt werden" und „berührt sein" durch/von einem Gegenüber und vertieft die Beziehung.

Auch in der besten Beziehung kommt es zu alltäglichen „Zusammenstößen", z. B. bei unterschiedlichen Ansichten über das Aufräumen nach dem Spiel oder beim Nichteinhalten von Gruppenregeln u. Ä. m. Aber auch schwerwiegende Konflikte wie beispielsweise der Umgang mit aggressiven Kindern gehören dazu. In diesen Fällen besteht die Kunst darin, zwischen dem aktuellen, problematischen Verhalten des Kindes und der Beziehung zwischen Pädagogin und Kind zu trennen. Man könnte dies auch als Trennung zwischen Sach- und Beziehungsebene beschreiben. Auf der einen Seite steht die vertrauensvolle Beziehung zwischen Erzieherin und Kind als konstante, verlässliche Ebene. Auf der anderen Seite geht es um konkretes Fehlverhalten und die Auseinandersetzung darüber. Manche Kinder, vor allem unsicher gebundene, testen aus, ob die Zuneigung der Erzieherin wirklich ehrlich ist und bestehen bleibt, wenn man „Ärger" macht. Dahinter steckt meistens die Befürchtung oder Erfahrung von „Liebesentzug". Kinder werden wichtige neue Erfahrungen machen, wenn die Erzieherin ihnen zwar klare Grenzen setzt, sie möglicherweise auch zeitweilig von einer besonderen Unternehmung ausschließt, dabei aber gleichzeitig ihre positive, akzeptierende Grundhaltung bewahrt. Meistens gelingt es ohne Mühe, diese Haltung gegenüber Kindern in Konfliktsituationen einzunehmen. Wenn Ärger oder Hilflosigkeit jedoch sehr groß sind, ist diese Gelassenheit möglicherweise nur mit Einschränkungen möglich.

9.1 Mit Kindern reden

Sprache verbindet uns mit anderen Menschen und wir distanzieren uns mittels der Sprache. Über Sprache teilen wir mit, wie wir andere Menschen erleben oder wie wir uns selber fühlen. Mit Worten wird geschimpft, gestritten, genörgelt, gemaßregelt, moralisiert oder gedemütigt. Mit Worten kann auch getröstet, gedankt, geschlichtet, gelobt oder Mut zugesprochen werden. All dies ist möglich, wenn Erwachsene mit Kindern reden. Sprache oder Gespräche ganz allgemein haben eine tiefe Bedeutung für die psychische Entwicklung und für die Gestaltung der Beziehung zwischen Ich und Du.

Mit Kindern reden, gemeinsame Gespräche in der Gruppe oder mit einzelnen Kindern zu führen, gehört zum Alltagshandeln von Pädagog/innen. Dabei sind die Erwachsenen die Steuernden, die Verantwortlichen dafür, ob ein Gespräch gut und konstruktiv verläuft im Sinne eines gleichberechtigten Dialogs. Einen „wirklichen" Dialog zu führen, setzt Gleichberechtigung zwischen den Gesprächspartner/innen und die Fähigkeit des Zuhörens und Ausredenlassens voraus. Nur dann kann das Kind in Ruhe von aufregenden, erfreulichen, beängstigenden oder bedrückenden Ereignissen berichten und darüber mit Erwachsenen ins Gespräch kommen. Es kann Fragen stellen, sich mit gegenteiligen Meinungen auseinander setzen usw.

Eltern und Pädagog/innen beschreiben ein schwieriges Kind oft mit den Worten: „Der/ die kann überhaupt nicht hören!" Hören, also akustisch wahrnehmen, kann das Kind sicherlich, aber wahrscheinlich kann oder will es nicht zuhören. In diesem Zusammenhang ist es hilfreich, wenn sich die Erzieherin mit folgenden Fragen auseinandersetzt:

- Was soll das Kind sich anhören?
- Wann hat es aufgehört zuzuhören?
- Was war der Anlass?

Es gibt zunächst keinen hinreichenden Grund, warum kleine Kinder ihren Eltern oder vertrauten Bezugspersonen nicht zuhören sollten. Schon der Säugling lauscht auf die vertrauten Stimmen der Eltern und lässt sich durch ihre Worte beruhigen oder aufmuntern. Manchmal werden Säuglinge allerdings auch schon frühzeitig durch die Lautstärke verschreckt oder durch den emotionalen Gehalt im Tonfall der Worte geängstigt. Später schalten Kinder „auf Durchzug", wenn Zuhören vor allem mit Reglementierungen, Moralisieren und Entwerten verbunden ist. Aus Sicht des Kindes ist dieses (unge-hörige) Verhalten eine nachvollziehbare Schutzmaßnahme.

Kinder können durchaus akzeptieren (oder müssen es lernen), wenn die Erzieherin mahnende Worte an die Gruppe richtet oder bei einzelnen Kindern ein Fehlverhalten kritisiert. Die Voraussetzung ist allerdings, dass diese Worte nicht als verletzend, demütigend oder als ungerechte pauschale Kritik empfunden werden. Dies gilt insbesondere für Kinder, die häufig stören, Unfug treiben oder Gewalt ausüben. Wichtig ist hierbei aber vor allem auch, dass die Gespräche mit einer gemeinsamen Verabredung in Bezug auf die Modalitäten zur Kontrolle ihrer Einhaltung enden.

Wenn Kinder sich (noch) nicht mit Worten artikulieren können, drückt ihr Körper aus, was sie noch nicht sagen können. Hier findet die Erzieherin deutliche Ansatzpunkte, den Gesprächswunsch des Kindes zu erkennen und ihn zu ermöglichen wie z. B.: „Du hast ja so strahlende Augen und hüpfst vor mir herum, so als ob du mir etwas Schönes erzählen möchtest?" – oder „Du schaust mich ja ganz finster an, magst du mir erzählen, was dich bedrückt?" Die Kuschelecke ist meistens der beste Ort für diese Gespräche.

9.2 Wuschel, ein Hund für alle Fälle – Handpuppen zur Unterstützung kommunikativer Prozesse

Handpuppen, Stabpuppen oder auch Marionetten verschiedenster Art faszinieren Kinder und eignen sich hervorragend als Medium zur Unterstützung kommunikativer Prozesse. Kinder können sich mit Puppen identifizieren, vor allem mit jenen, die auch Schwächen zeigen. Mit ihnen können sie sich solidarisieren und Gefühle (Wut, Trauer, Hass, Freude usw.) so offen zeigen, wie es im realen Leben nicht möglich oder nicht erlaubt ist.

Mit Unterstützung von Puppen erzählen Kinder oftmals viel ausführlicher und spontaner als wenn man sie direkt ansprechen oder fragen würde. Wenn der Puppenspieler (die Erzieherin) die Handpuppe einfühlsam benutzt, entsteht Kontakt auch bei Kindern, die sich innerlich bereits sehr zurückgezogen haben.

In dieser Funktion wurde „Wuschel" in die Kindergruppe einer Kita in Berlin eingeführt. Wuschel ist ein Dackel aus Karton, beklebt mit zottigen Fellresten und an zwei Fäden und einem

Holzgriff aufgehängt. Eine Tages betrat und beschnüffelte er den Gruppenraum, machte sich bekannt, befragte die anderen Kinder nach ihren Namen, ließ sich erklären, was man in der Kita so alles machen kann und erkundigte sich schließlich, ob er in dieser Gruppe bleiben dürfe. Die meisten Kinder waren sofort begeistert, zwei Jungen traten jedoch als erstes mit dem Fuß nach ihm – das Aufjaulen des Dackels erschrak und verunsicherte die beiden. Manchmal ist so ein aggressiver Akt die Art und Weise, Sympathie auszudrücken. Später bauten die beiden Jungen gemeinsam mit anderen Kindern eine Hundehütte, denn Wuschel wohnt nun im Gruppenraum und hat einen festen Platz zum Ausruhen in der Hütte oder in einem Körbchen in der Nähe der Kinder.

Der Erzieherin gelingt es oft, mittels der Marionette in der Gruppe Gespräche zu initiieren oder mit einem Kind Kontakt aufzunehmen, das gerade eine besondere Zuwendung benötigt, dies aber nicht ausdrücken kann. Wuschel ist inzwischen seit zwei Monaten ein Mitglied der Kindergruppe und als Ko-Erzieher von großer Bedeutung, insbesondere für Kinder mit Problemen.

Bauanleitung für die Dackel-Marionette

Material:
Tonpapier oder nicht zu fester Karton, Knöpfe, Perlen für die Augen, Schnur und Rundholz, eventuell Fellreste.

Die Figur wird nach der Vorlage ausgeschnitten. Dann an der gestrichelten Linie knicken und die beiden Schwanzteile zusammenkleben. An den markierten Punkten wird die Schnur zum Aufhängen durchgezogen und mit einem Griff versehen, Perlen oder Knöpfe markieren die Augen.

Wenn die Marionette ein Fell bekommen soll, ist es am besten, den Karton-Dackel vor dem Zusammenkleben damit zu schmücken.

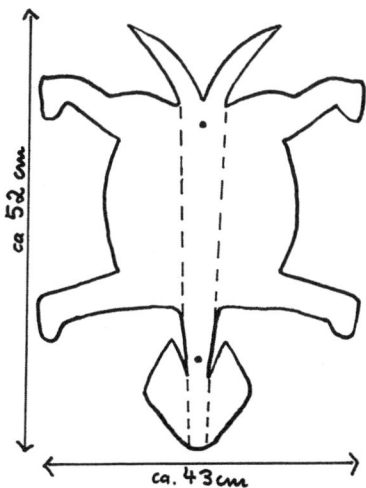

10 Kooperation mit Eltern

Mütter und Väter wollen das „Beste" für ihr Kind. Von dieser Grundannahme können wir ausgehen. Die Eltern machen Pläne für die gemeinsame Zukunft und haben Wünsche und Erwartungen in Bezug auf eine gute und gesunde Entwicklung ihres Kindes, manchmal auch bereits für Schullaufbahn, Studium und Berufswahl. Manchmal werden eigene Träume, die nicht in die Realität umgesetzt werden konnten, auf das Kind projiziert. Sie sollen es einmal besser haben.

Jede positive Bemerkung von Verwandten, Freunden oder Pädagog/innen über die Entwicklung des Kindes, seine Fähigkeiten oder sein „niedliches" Aussehen bestärkt die Eltern in ihrem Tun: Ich bin eine „gute Mutter", ein „guter Vater", die gesellschaftliche Umwelt nimmt meine Bemühungen um eine gute Erziehung und das Sorgen für mein Kind wahr und signalisiert mir dies. – Mit Liebe und Stolz können die Eltern auf ihr Kind schauen, es erfreut sie, und so mancher Verzicht auf individuelle Lebensträume von Beruf und Karriere oder kostspielige Reisen in ferne Länder wird dadurch entschädigt.

Eltern, die dagegen immer wieder von verschiedenen Seiten hören, dass ihr Kind schwierig ist, Probleme bereitet, die Gemeinschaft stört, andere Kinder böswillig verletzt oder kein angenehmer Spielgefährte ist, vernehmen dahinter immer auch den persönlichen Vorwurf, die Mutter- oder Vaterrolle nicht gut genug auszufüllen. Sie sind persönlich betroffen und häufig auch von Schuldgefühlen geplagt.

Eltern mit „schwierigen" Kindern fühlen sich folglich auch in der Kindertagesstätte weniger wohl, vermeiden oftmals Begegnungen mit anderen Eltern und den Pädagog/innen. Oder aber sie fragen immer wieder die Erzieher/innen beim Abholen, wie das Kind denn nun heute war. In diesen Fällen wird nicht nur die unbeschwerte und vertrauensvolle Beziehung zwischen Kita und Familie belastet, sondern auch die Beziehung zwischen Kind und Eltern. Werden bestimmte Grundsätze im Umgang miteinander berücksichtigt, können Eltern und Pädagog/innen jedoch auch unter diesen schwierigen Voraussetzungen zu einer partnerschaftlichen Zusammenarbeit finden, fernab jeder Schuldzuweisung und zum Wohle des Kindes offen miteinander sprechen.

10.1 Gespräche mit Eltern

Die partnerschaftliche Zusammenarbeit mit den Eltern, der persönliche Kontakt und Dialog über alle Aspekte, die das Wohl des Kindes betreffen, ist die Vorraussetzung dafür, dass sich Kinder und Eltern in der Kindertagesstätte gut aufgehoben fühlen. Zudem ist sie die Basis für gegenseitige Achtung, Respekt und Wertschätzung der erzieherischen Kompetenzen. Pädagog/innen und Eltern bilden eine Erziehungspartnerschaft mit dem gemeinsamen Ziel einer optimalen Entwicklungsbegleitung des Kindes. – Dieses gemeinsame Ziel verbindet.

Ein Elterngespräch über Entwicklungsauffälligkeiten wird in der Regel dann konstruktiv und befriedigend verlaufen, wenn zwischen Kindertagesstätte und Familie eine vertrauensvolle Beziehung besteht. Im Aufnahmegespräch werden dafür die Weichen gestellt.

10.1.1 Der wichtige Erstkontakt in Aufnahmegespräch und Eingewöhnungszeit

▪ In diesem ersten ausführlichen Gespräch zwischen den Eltern, der Leitung und der Gruppenerzieherin sowie in den folgenden Wochen der Eingewöhnung mit einem Elternteil werden Grundsteine für die notwendige gegenseitige Akzeptanz und Vertrauensbildung gelegt.

▪ Je transparenter die Konzeption der Kindertagesstätte und die Arbeitsweise der Erzieherin vorgestellt werden, um so bewusster können sich Eltern für die Kindertagesstätte entscheiden.

▪ Wenn im Erstgespräch signalisiert wird, dass die spezifischen Wünsche und Bedürfnisse der Eltern wichtig sind und so weit wie möglich einbezogen werden, fühlen sich Familien stärker angenommen.

▪ Bei diesen ersten Kontakten werden Verabredungen zum gegenseitigen Austausch über die Entwicklungsschritte des Kindes getroffen. Dies erleichtert Eltern und Pädagog/innen für die Zukunft die Erörterung von problematischen Themen.

▪ Eltern haben die Gelegenheit, aus dem bisherigen Leben ihrer Kinder zu berichten, und die Pädagog/innen können diese Informationen in ihre pädagogische Arbeit einbeziehen. Dadurch fühlen sich die Eltern in ihrer bisherigen Erziehungsarbeit wertgeschätzt und für das Kind entsteht eine Brücke zwischen Familie und Kita.

10.1.2 Das „Tür-und-Angel"-Gespräch – Basis für weitere Gespräche

Der Begriff „Tür-und-Angel"-Gespräch ist sehr anschaulich. Er beinhaltet das Bild von einer sich öffnenden Tür, die bis zum Anschlag schwingt und sich dann wieder schließt. Der Zeitraum dieser Bewegung steht für Kontakt und Kommunikation zur Verfügung. Was ist in dieser kurzen Zeitspanne an Gesprächskontakt möglich oder notwendig? Welche „Tücken" beinhaltet diese Gesprächssituation? Anhand eines Beispiels aus der Praxis möchte ich diese Situation etwas anschaulicher darstellen:

In einem Seminar zum Thema „Gesprächsführung" berichten die Teilnehmer/innen von schwierigen, unangenehmen Erlebnissen bei „Tür-und-Angel"-Gesprächen. Mit Hilfe von psychodramatischen Mitteln wollen wir diese Gesprächssituationen näher betrachten und bearbeiten. Die Gruppenmitglieder sind bereit, durch Übernahme von Rollen die jeweilige Protagonistin, die an einem „Fall" arbeiten möchte, zu unterstützen.

Auf der „Bühne" wird zunächst die Tür als Ort (Rahmen) für ein „Tür-und-Angel"-Gespräch aufgebaut. Zwei Teilnehmer/innen stellen sich als Türrahmen nebeneinander; eine weitere Person symbolisiert die Tür, die sich in der Angel bewegt, und geht mit langsamen Schritten von einem Türpfosten bis zum imaginären Türanschlag. Hier verharrt sie einen Moment und wandert ebenso langsam zurück, bis die Tür wieder verschlossen ist. Damit sind die räumlichen und zeitlichen Bedingungen für unser „Tür-und-Angel"-Gespräch dargestellt. Das folgende Fallbeispiel Marion M. soll einen möglichen Lösungsprozess einer schwierigen Gesprächssituation beschreiben:

Die Szene:

> Es ist Mittwochmorgen kurz vor dem Frühstück. Einige Kinder spielen am Tisch oder auf dem Fußboden. Marion M. ist dabei, das Frühstück vorzubereiten. Sylvia W., alleinerziehende Mutter, öffnet die Tür und kommt mit ihrem vierjährigen Sohn Steffen in den Gruppenraum. Sie ist zwar in Eile, möchte aber noch schnell ihren aufgestauten Ärger mitteilen. Sie berichtet in schnellen Worten, dass Steffen ihr gestern Abend erzählt habe, er sei auf dem Spielplatz von „allen" Kindern geärgert und gehauen worden und niemand habe ihm geholfen. Das findet die Mutter unmöglich, außerdem sei das schon häufiger passiert. So könne es nicht weitergehen! Marion trifft dieser sehr emotional geäußerte Vorwurf völlig unvorbereitet und sie ist zugleich erschrocken und verärgert. Sie beginnt nachzufragen, sich zu rechtfertigen und verwickelt sich in ein schwieriges Gespräch. (Die Tür befindet sich inzwischen schon wieder auf dem Rückweg.) Zwischen den beiden Frauen entsteht eine spannungsgeladene Situation. Dann wendet sich die Mutter abrupt um und geht. (Allerdings muss sie die inzwischen geschlossene Tür noch einmal öffnen.) Eine verärgerte Erzieherin bleibt zurück. Der Arbeitstag hat wenig erfreulich begonnen. Hier wird die Szene beendet.

Reflexion

In der Nachbesprechung wird deutlich, dass die Seminarteilnehmer/innen diese Szenen in ähnlicher Weise aus ihrem Berufsalltag kennen. Für Marion sind diese Äußerungen tröstlich und sie ist gespannt auf die Lösungsmöglichkeiten, die wir erarbeiten wollen. Zunächst gibt es sehr aufschlussreiche Rückmeldungen der Mitspielerinnen aus dem Erleben in ihren Rollen:

Marion – „Das war unmöglich, mich vor allen Kindern so zu überfallen. Ziemlich wütend hat es mich gemacht. Außerdem weiß ich überhaupt nichts von diesem Vorfall. Mit dieser Mutter habe ich sowieso oft Schwierigkeiten, wir haben keinen guten Draht zueinander."

Sylvia – „Ich glaube, die mögen hier in der Kita meinen Steffen nicht besonders, sonst müssten sie doch besser auf ihn aufpassen. Ich kann mich nicht so viel um den Jungen kümmern und erwarte das von den Erzieher/innen. Jetzt bin ich auch ziemlich aufgeregt und froh, dass ich schnell wieder gehen kann. Aber gezeigt habe ich ihr, dass ich auch etwas zu sagen habe."

Steffen – „Oh, die Mama und Marion sind ziemlich sauer und streiten miteinander, das finde ich ganz doof. Und alle Kinder gucken her, ich will hier gar nicht bleiben, lieber will ich mit der Mama wieder weg gehen. Gestern war das auch so blöd auf dem Spielplatz."

Die spielenden Kinder – (zusammengefasst) – „Was ist denn jetzt los?" – „Auweia, die streiten."

Türrahmen – „Meine Balken haben sich richtig verbogen, weil die Spannung im Raum so groß war. Wenn die beiden sehen könnten, in welch abweisender Körperhaltung sie sich gegenüberstanden."

Tür – „Ich habe hier jeden Morgen eine wichtige Aufgabe, ich öffne mich, um die erste Begegnung zwischen den Kindern, den Eltern und Marion zu ermöglichen. Eine wichtige Arbeit. Eben habe ich nur Stress gespürt."

Lösungsmöglichkeiten

Wie kann diese für alle Beteiligten unbefriedigende Gesprächssituation besser gestaltet werden? In der folgenden Übungsphase versuchen wir, im Sinne von Probehandeln andere Gesprächsverläufe auszuprobieren. Im Psychodrama sind wir in der glücklichen Situation, sofort die Rückmeldung der beteiligten Personen (Antagonisten) zu hören. Eine Lösung möchte ich vorstellen:

Die Ausgangsszene bleibt: Die Mutter beschwert sich heftig. Doch jetzt probiert die Erzieherin eine andere Entgegnung.

Marion: „Ich verstehe Ihre Sorge, aber ich habe gestern – außer den üblichen kleinen Rangeleien der Kinder – nichts Auffälliges bemerkt. Jetzt ist auch keine Zeit, alles genau zu besprechen. Ich werde mich aber bei meiner Kollegin, die auch auf dem Spielplatz war, erkundigen und außerdem mit Steffen darüber sprechen. Am Nachmittag habe ich mehr Ruhe und Zeit, wir können dann etwas ausführlicher miteinander reden. Sind sie damit einverstanden?"

Die Rückmeldung der Mutter nach diesem Gesprächsverlauf:

„Die hat mir wirklich zugehört und mich ernst genommen, obwohl ich hier so mit meinem Ärger reingeplatzt bin. Ich wollte sowieso schon seit langem mit ihr sprechen, weil mir Steffen Sorgen macht. Vielleicht ist ein Gespräch mit ihr gar nicht so schwierig." Sylvia W. bestätigt den Termin am Nachmittag und geht einigermaßen zufrieden zur Arbeit.

Die Rückmeldung der Erzieherin in der Nachbesprechung:

„Ich bin zufrieden, sie hat meinen Vorschlag akzeptiert. Ich glaube, dass sie einigermaßen beruhigt zur Arbeit geht. Jetzt will ich Steffen wirklich einmal genauer beobachten, denn er ist in Schwierigkeiten verwickelt. Nachher will ich ihn mal in Ruhe erzählen lassen."

Diese täglichen kurzen Gesprächsphasen beim Bringen und Abholen der Kinder machen einen erheblichen Teil der Kommunikation zwischen Pädagog/innen und Eltern aus. Sie beeinflussen das Gelingen oder Misslingen von ausführlichen Gesprächen über schwierige Themen. Folgende Regeln für „Tür-und-Angel"-Gespräche sind hilfreich:

- Denken Sie daran, dass die morgendlichen Gesprächsmomente alle Beteiligten für den weiteren Tagesverlauf einstimmen.
- Äußern Sie nur positive Bemerkungen über das Kind, weil in der Regel auch andere Eltern und Kinder anwesend sind und zuhören.

▓ Sprechen Sie notwendige organisatorische Dinge nur kurz und knapp an.

▓ Hören Sie bei Elternbeschwerden zu, signalisieren Sie Gesprächsbereitschaft, aber verweisen Sie darauf, dass für wichtige Gespräche Raum, Zeit und Ruhe notwendig sind und ein passender Termin gefunden werden muss.

10.1.3 Entwicklungsgespräche

Informationen und Austausch über den Entwicklungsverlauf des Kindes in der Kindertagesstätte sind wichtige Orientierungspunkte für die Eltern sowie für die Zusammenarbeit zwischen Eltern und Erzieher/innen. Sie vertiefen die Zusammenarbeit und den gemeinsamen Blick auf das Wohlergehen des Kindes. Die Erzieher/innen beschreiben die Entwicklungsschritte des Kindes in der Kita auf der Grundlage ihrer Beobachtungen, die Eltern ergänzen diese aus ihrer Sicht. Zudem können die Erzieher/innen den Eltern auf Wunsch Anregungen und Hilfestellungen geben, die der jeweiligen pädagogischen Fragestellung angemessen sind.

Bereits beim Aufnahmegespräch sollte auf das Angebot eines jährlichen sogenannten „Entwicklungsgesprächs" für jedes Kind, unabhängig von aktuellen Problemen oder Fragestellungen, hingewiesen werden. Dieses Angebot findet bei Eltern in der Regel großen Anklang. Zwei unterschiedliche Gestaltungsformen möchte ich beschreiben:

Individuell terminiertes „Entwicklungsgespräch"

Im letzten Drittel jedes Kindergartenjahres verabreden Erzieher/innen und Eltern einen Gesprächstermin. Der zeitliche Rahmen beträgt etwa 45 bis 60 Minuten. Anhand von Kinderzeichnungen, Fotomaterial, mitunter kurzen Videofilmen und handwerklichen Arbeiten der Kinder aus diesem Jahr sowie den fachlichen

Aufzeichnungen über den Entwicklungsverlauf entsteht für die Eltern ein lebendiges Bild vom Kitaleben ihres Kindes. Entwicklungsschritte sowie besondere Vorlieben und auch Abneigungen werden besprochen und spezifische Fragen der Eltern erörtert. Den Abschluss bildet ein Ausblick auf wichtige Entwicklungsetappen und Vorhaben im nächsten Jahr (z. B. Kinderreise, Sprachprojekt, Übergang in die Schule).

Elternsprechtage

Für diese Form der Entwicklungsgespräche wird jährlich ein fester Zeitraum von mehreren Tagen (entsprechend der Anzahl der Kinder und der Rahmenbedingungen in der Kita) festgelegt. Die Eltern tragen sich in einen Zeitplan ein. Die Zeitspanne für das jeweilige Gespräch beträgt etwa 30–45 Minuten. Die inhaltliche Gestaltung entspricht den schon beschriebenen Entwicklungsgesprächen. Allerdings finden an diesen Nachmittagen mehrere Gespräche nacheinander statt, d. h. die Vorbereitung ist umfangreicher, die Zeit enger begrenzt.

- Wichtige Aspekte für Vorbereitung und Durchführung:
- Den Gesprächstermin so auswählen, dass beide Elternteile teilnehmen können;
- auf Wunsch von Alleinerziehenden auch eine weitere vertraute Bezugsperson des Kindes einladen;
- für angenehme und störungsfreie Rahmenbedingungen sorgen (Raumgestaltung, Kaffee, Tee usw.);
- bedenken, dass im Mittelpunkt die gemeinsame Freude an Entwicklungsschritten des Kindes steht, d. h. schwerwiegende Probleme des Kindes oder Konflikte in der Beziehung zwischen Eltern und Pädagog/innen können hier nicht bearbeitet werden. Dafür sind andere Gesprächstermine zu verabreden;
- das Bild von der Entwicklung des Kindes vervollständigt sich, wenn Eltern aus ihrem Zusammenleben mit dem Kind berichten.

Nicht nur der Elternkontakt wird mit diesem partnerschaftlichen Blick auf das Kind beflügelt, sondern die Pädagog/innen können ihre professionelle Kompetenz zum Ausdruck bringen und die Wertschätzung der Eltern spüren. Die Eltern werden sich bei Erziehungs- oder Entwicklungsschwierigkeiten eher als Ratsuchende an die Pädagog/innen wenden.

10.1.4 Elterngespräche bei Konflikten

Probleme in der Entwicklung des Kindes, Missverständnisse, Schuldzuweisungen, Enttäuschungen, Nichteinhaltung von Absprachen u. a. m. führen zu mehr oder weniger schwerwiegenden Konflikten zwischen Eltern und Erzieher/innen. Wir wissen zwar, dass Konflikte zum zwischenmenschlichen Zusammenleben gehören, aber dennoch sind die dazugehörigen Gespräche oft eine unangenehme Aufgabe. Sie erfordern ein hohes Maß an Einfühlungsvermögen und die Fähigkeit, sich auf die jeweils spezifische Lebenssituation von Eltern kommunikativ einzustellen.

Überlegungen vor einem (Konflikt-) Gespräch
Eine gute Gesprächsvorbereitung erhöht die fachliche Kompetenz und stärkt die innere Sicherheit. Folgende Fragen dienen dieser Vorbereitung:

▪ Was möchte ich mit diesem Gespräch erreichen?
Motive und Gesprächsziele klar und eindeutig benennen. Dabei geht es nicht nur um inhaltliche Ziele (Sachebene), sondern auch um Ziele auf der Beziehungsebene. – Ein wichtiges Ziel ist z. B., Kontakt herzustellen oder zu verbessern, Gehör zu schenken oder zu bekommen und Misstrauen abzubauen.

▪ Sind meine Ziele zum jetzigen Zeitpunkt realistisch?
Wird diese Frage verneint, dann können sie zwar als längerfris-

tige Zielsetzungen bestehen bleiben. Die Aufgabe besteht aber
nun darin, erreichbare Teilziele zu formulieren.

■ Welche realistischen Hilfsangebote kann ich machen?
Angebote von Seiten der Kita unterstützen Entwicklungsprozes-
se, allerdings müssen die Vorschläge realistisch einzulösen sein.
Sonst folgen Enttäuschungen und weitere Beziehungsstörungen.

Zur Durchführung
In der Fachliteratur gibt es zahlreiche Hinweise und „goldene"
Regeln für erfolgreiche Gespräche bei Konflikten mit Eltern. Sie
sind zweifellos hilfreich. Dennoch lernt man Gesprächsführung
vor allem durch Gesprächsführung, d. h. jedes Gespräch, auch
wenn es nicht optimal verläuft, erweitert die Erfahrungen und
die Kompetenzen.
Einige Hinweise für die Gesprächsführung fasse ich zusammen:
■ Geben Sie den Eltern ausreichend Gelegenheit, ihr Problem
  zu schildern. Zeigen Sie Aufmerksamkeit und Verständnis
  für das Anliegen der Eltern. Zwischenbemerkungen, Nachfra-
  gen ohne Wertung und Missbilligung können Anteilnahme
  und Verständnis signalisieren.
■ Wenn Sie mit Eltern über Entwicklungsstörungen oder auffällige Verhaltensweisen sprechen wollen, teilen Sie zunächst
  nur Ihre persönlichen Beobachtungen oder Sorgen mit und
  halten Sie sich mit Interpretationen und vorschnellen Hypo-
  thesen zurück.
■ Eltern sind oft mit Vorwürfen konfrontiert. Sie können ent-
  spannter am Gespräch teilnehmen, wenn Sie Formulierungen
  benutzen, die Ihre subjektive Wahrnehmung und Empfin-
  dung ausdrücken, z. B.: „Mir fällt auf, dass (…)" oder: „Ich
  mache mir Sorgen um (…)"
■ Fragen Sie die Eltern, ob sie Ähnliches im häuslichen Bereich
  beobachtet haben, und suchen Sie gemeinsam nach Hintergründen und Erklärungsmöglichkeiten für das problemati-

sche Verhalten. Eltern sind Expert/innen für ihr Kind und sollten auch als solche angesprochen werden: D. h. man kann sie befragen und um mögliche Erklärungen bitten.

▪ Eltern können besser zuhören und ihr Erziehungsverhalten überdenken, wenn sie als Eltern respektiert und ihnen persönliche Gründe für Fehler zugestanden werden Eine offene Aussprache mit dem Ziel der gemeinsamen Suche nach neuen Wegen ist nur auf diese Weise möglich.

▪ Vermitteln Sie den Eltern nicht den Eindruck, dass Sie in jedem Fall das Problem lösen können oder die richtige Hilfe kennen. Durch vorschnelle Ratschläge können Gesprächspartner/innen in die Position einer hilflosen Person gedrängt werden. Veränderungen können jedoch nur in Kooperation mit den Eltern gelingen. Das gilt ebenfalls für schwerwiegende Probleme, bei denen Sie Eltern auf weitere Beratungsmöglichkeiten und Hilfsangebote aufmerksam machen können.

▪ Eltern sind eher bereit und ermutigt, Schwierigkeiten anzugehen, wenn Sie ihnen auch mitteilen, was Ihnen am Erziehungsverhalten positiv auffällt.

Gesprächsabschluss

Zum Schluss eines jeden Gesprächs wird das Ergebnis zusammengefasst und konkrete Maßnahmen verabredet. Ein schwieriges Gespräch kann dennoch bei allen Beteiligten einen befriedigenden Eindruck hinterlassen, wenn zum Abschluss das Positive, das tatsächlich Erreichte zusammengefasst wird. Wenn das angestrebte Ziel nicht erreichbar war, sollte auch den kleinen Schritten, den Teilzielen Beachtung geschenkt werden. Vielleicht haben sich die Gesprächspartner zum ersten Mal ohne gegenseitige Vorwürfe über das Verhalten des Kindes in der Kita und zu Hause ausgetauscht. Vielleicht haben sie sich gegenseitig zugehört und wichtige Informationen erhalten. Die Sorgen der Erzieher/innen sind von den Eltern ernst genommen worden, und die Pädagog/innen haben von Belastungen in der Familie erfahren. Das große Ziel, Veränderungen bestimmter Erziehungsmaßnahmen zu erreichen, hat sich möglicherweise nicht erfüllt. Aber die Beziehung zwischen den Erwachsenen hat sich verbessert und das Benennen dieses Ergebnisses erleichtert die Verabredung zu weiteren Gesprächen.

Hilfsangebote der Kita sowie Vereinbarungen mit den Eltern können ebenfalls als positives Ergebnis zum Abschluss des Gesprächs festgehalten werden, wie z. B.: Einmal in der Woche holt zukünftig der Vater sein Kind ab oder: Die Mutter nimmt sich morgens beim Bringen des Kindes etwas mehr Zeit zum Abschiednehmen. Verabredungen haben allerdings nur dann einen Sinn, wenn die Einhaltung überprüft und kommentiert wird. Bei Nichteinhaltung der Absprachen ist es notwendig, die Eltern nach Gründen zu befragen und gegebenenfalls eine neue Vereinbarung zu treffen. Halten sich die Eltern an die Verabredungen und erhalten sie dafür eine positive Rückmeldung, dann fühlen sie sich in ihren Bemühungen um Veränderung und Kooperation wertgeschätzt.

10.2 Elternabende und andere Aktivitäten

Eltern sind Expert/innen im Zusammenleben mit ihrem Kind und kennen seine Bedürfnisse und Fähigkeiten normalerweise am besten. Pädagog/innen haben eine spezifische Ausbildung und sind Expert/innen für pädagogische und entwicklungspsychologische Themen und Handlungsweisen. Beide Kompetenzen können sich in der Kindertagesstätte auf wunderbare Weise zum Wohle der Kinder ergänzen.

Auf Elternabenden der Kita-Gruppe oder bei Veranstaltungen für alle Eltern bietet es sich an, über besondere Entwicklungsthemen zu sprechen, z. B.

■ die Sprachentwicklung des Kindes;

- die Bedeutung der Bewegung für die kindliche Entwicklung;
- die Rolle des Vaters oder anderer männlicher Bezugspersonen;
- eine kindgerechte Ernährung zur Vermeidung von Übergewicht;
- Geschwisterrivalität;
- „Trotz"-Phase oder Selbständigwerden;
- Beratungsangebote für Eltern und Kinder im nahen Umfeld.

In einer Kindertagesstätte werden mit diesen Themen mehr Eltern erreicht als in jedem anderen institutionellen Rahmen (z. B. Volkshochschule, Beratungsstelle des Jugendamtes). Externe Fachleute für bestimmte Themen können die Pädagog/innen unterstützen und eine Plattform für wichtige Informationen stellen.

Wenn sich die Einrichtungen für Kinder zu Begegnungsstätten für Eltern und Familien wandeln, gibt es zusätzlich ein großes, meistens noch ungenutztes Potential an Möglichkeiten zum Zusammenwirken und zu gegenseitiger Unterstützung. Viele Alleinerziehende, aber auch Familien, fühlen sich in ihrem sozialen Umfeld isoliert oder wenig beachtet. Nachbarn ohne Kinder haben meistens wenig Ahnung vom Alltag mit Kindern und oft auch kein Verständnis für schwierige Situationen in der Familie. In der Kita finden Eltern Menschen in ähnlicher Lebenssituation, hier kann man sich über die Freuden und Anstrengungen im Zusammenleben mit Kindern austauschen und Rat einholen. Für Eltern in einer schwierigen Lebensphase oder mit entwicklungsauffälligen Kindern ist es tröstlich und motivierend zugleich, von Eltern in ähnlicher Situation zu erfahren und sich über Handlungsmöglichkeiten zu beraten.

Diese Erweiterung des Kita-Angebotes bedarf der kreativen Ideen aller Beteiligten. Vor allem für Elterngremien (Elternvertretung, Rat der Kindertagesstätte u. Ä.) ist die Entwicklung und Umsetzung neuer Ideen eine lohnende Aufgabe. Einige Ideen, deren Umsetzung ich in letzter Zeit erleben konnte, möchte ich kurz beschreiben.

Elterndienst bei Teamsitzungen

Eltern übernehmen (wöchentlich/monatlich) am Nachmittag die Betreuung der letzten Kinder, damit alle Pädagog/innen an der Gesprächsrunde teilnehmen können. Dadurch fallen weniger Überstunden an und die Eltern bekommen einen guten Einblick ins Kita-Leben. An diesen Elternaktionen beteiligen sich inzwischen auch Väter. (Die Aufsichtspflicht der Kita ist durch Absprachen und Anwesenheit der Pädagog/innen im Nachbarraum gewährleistet.) Zum Jahresende werden die Eltern, die sich zur Verfügung gestellt haben, in besonderer Weise gewürdigt.

Vätergruppe

Vor einigen Monaten veranstaltete ein Erzieher für die Väter und „Stief"-Väter seiner Gruppe einen Väternachmittag. Daraus bildete sich eine monatlich stattfindende „Vätergruppe". Neben Gesprächen über Rollenverständnis und andere Erziehungsthemen haben auch gemeinsame Aktivitäten wie z. B. Fußballspielen oder Spielzeug reparieren ihren Raum.

In der Nachbargruppe, in der es „nur" Pädagog*innen* gibt, hat sich ein Elternvertreter an die Organisation einer „Vätergruppe" gewagt. Die rege Beteiligung der Männer auch in dieser Gruppe verweist meines Erachtens auf ein großes Bedürfnis nach gemeinsamen Väter-Aktivitäten.

Reparaturwerkstatt für Kinderbekleidung

Eine Mutter ohne Arbeitsplatz, aber mit großem handwerklichen Geschick als Schneiderin gründete eine „Kleider-Klinik". An bestimmten Tagen kann ihr in der Kita Kinderbekleidung (inzwischen auch oft Erwachsenenkleidung) zur Reparatur übergeben werden. Dafür erhält sie ein Entgeld. Viele Mütter nehmen dieses Angebot gerne an. Sie erfahren dadurch Entlastung, während die Schneiderin einen Wirkungskreis gefunden hat, der ihr Anerkennung verschafft.

Sprachkurse für Mütter

In Zusammenarbeit mit der Volkshochschule finden in einer Kita Sprachkurse für türkische Mütter statt. Die VHS stellt die Dozentin und das Lehrmaterial, die Kita stellt den Raum zur Verfügung und organisiert (gegen Honorar) einen Kinderbetreuungsdienst für Kleinkinder, die während der Zeit des Sprachunterrichtes nicht untergebracht sind. Mütter und Pädagog/innen sind begeistert, die Frauen werden selbstbewusster und können sich immer besser mit den Erzieher/innen verständigen. Sie finden einen Platz in der Kita und auch die Kinder profitieren davon.

Babysitter-Dienst

Zwei Schulpraktikantinnen hatten während ihres Praktikums in der Kita ihren Spaß an der Beschäftigung mit kleinen Kindern entdeckt und zugleich die Probleme der Kinderbetreuung außerhalb der Kita-Öffnungszeiten kennen gelernt, wenn keine Großeltern oder Freunde zur Verfügung stehen. Sie gründeten einen Kinderbetreuungsdienst nach Absprache in den Räumen der jeweiligen Familie und als besonderes Angebot einmal monatlich an einem Sonnabend für einige Stunden in der Kita. – Im Dezember findet dieses Angebot an jedem Sonnabend statt. Auf diese Weise werden die Eltern entlastet, die jungen Frauen können ihr Taschengeld aufbessern und haben einen verantwortungsvollen Wirkungskreis gefunden.

Koch-Künste

In einer Kita begeistert der Koch Eltern und Kinder mit seinen Kochkünsten auf der Basis einer Vollwerternährung. Zu bestimmten Zeiten stellt er sich für einen Eltern-Koch-Abend zur Verfügung. Die Eltern kochen und essen gemeinsam und erfahren wichtige Grundlagen der kindgerechten Ernährung. Bemerkenswert ist, dass in dieser Kita kein einziges übergewichtiges Kind zu finden ist.

Diese zusätzlichen Aktivitäten sollen keine Mehrarbeit für die Pädagog/innen bedeuten, sondern – nach einer ersten Starthilfe – vorwiegend von den Eltern selbst organisiert werden. Positive Auswirkungen auf das Zusammenleben von Kindern, Eltern und Mitarbeiter/innen der Kita zeigen sich in jedem Fall.

Ausblick

Meine Absicht bei der Beschreibung von Hintergründen für das Verhalten von Kindern in schwierigen Entwicklungs- und Lebensphasen war Verständnis zu erzeugen und damit einen Zugang zu diesen Kindern zu ermöglichen. Mit den Empfehlungen für die Praxis wollte ich Anregungen für den Umgang mit „schwierigen" Kindern bieten und gleichzeitig Mut machen, einen eigenen Weg im der Gestaltung der Beziehung zu erproben.

Eine vertrauensvolle und verlässliche Beziehung ist für Kinder eine wichtige Basis für alle Entwicklungsaufgaben und Lernprozesse und ein besonderer Schutzfaktor in schwierigen Lebenssituation. Der positive Beziehungsaufbau gelingt besonders gut über gemeinsame Aktivitäten, in denen Spaß, Bewegungsfreude, Märchenspiele, lustvolle körperliche Anstrengung, sowie gemeinsame Ruhephasen u. Ä. m. zu gemeinsamen Erlebnissen und Berührungen beitragen. Zu diesem Themenkomplex wird der Folgeband dieses Buches „Mit schwierigen Kindern umgehen – Entwicklungsunterstützung durch Psychomotorik" ein umfangreiches Praxisangebot aus dem weiten Feld der Psychomotorik geben.

Sabine Herm

Literatur

Affolter, Felice (1991): Wahrnehmung, Wirklichkeit und Sprache. Neckar Verlag, Villingen-Schwenningen.

Ayres, Jean (1994): Bausteine kindlicher Entwicklung. Springer Verlag, Berlin, Heidelberg, New York, Tokyo.

Bach, George R. / Goldberg, Herb (1993): Keine Angst vor Aggression. Fischer Taschenbuch Verlag, Frankfurt am Main.

Bettelheim, Bruno (1980): Kinder brauchen Märchen. Deutscher Taschenbuch Verlag, München.

Blech, Jörg / Thimm, Katja (2002): Kinder mit Knacks. Der Spiegel 29/2002, S. 122–131.

Biddulph, Steve (1999): Jungen – Wie sie glücklich heranwachsen. Beust Verlag, München.

Bittner, Günther (1998): Problemkinder – Zur Psychoanalyse kindlicher und jugendlicher Verhaltensauffälligkeiten. Verlag Vandenhoeck & Ruprecht, Göttingen.

Bowlby, John (1975): Bindung: eine Analyse der Mutter-Kind-Beziehung. Kindler-Verlag, München.

Carle, Eric (1969): Die kleine Raupe Nimmersatt. Stalling Verlag, Oldenburg.

Cotterell, Arthur (1999): Die Enzyklopädie der Mythologie. Edition XXI. GmbH, Reichelsheim.

Dornes, Martin (1998): Die frühe Kindheit – Entwicklungspsychologie der ersten Lebensjahre. Fischer Taschenbuch Verlag, Frankfurt am Main.

Ders. (2000): Die emotionale Welt des Kindes. Fischer Taschenbuchverlag, Frankfurt am Main.

Drewermann, Eugen (1993): Rapunzel, Rapunzel, laß dein Haar herunter – Grimms Märchen tiefenpsychologisch gedeutet. dtv, München.

Dudenredaktion (Hg.) (2001): Duden – Fremdwörterbuch. Dudenverlag, Leipzig und Mannheim.

Eliacheff, Caroline (1998): Das Kind, das eine Katze sein wollte – Psychoanalytische Arbeit mit Säuglingen und Kleinkindern. Deutscher Taschenbuch Verlag, München.

Freud, Siegmund (1917) Trauer und Melancholie, GW X. Fischer, Frankfurt/Main.

Gallwey, W. Timothy (2002): Erfolg durch Selbstcoachung. Bildung und Wissen Verlag, Nürnberg.

Häußler, Gabriele / Hopf, Hans (2001): Frühe Faktoren in der Ätiologie von Ruhelosigkeit, Hyperkinese und Unaufmerksamkeit. In: Analytische Kinder- und Jugendlichen Psychotherapie, Heft 112, XXXII. Jg. 4/2001, S. 487–508.

Hartmann, Thom (2001): Eine andere Art die Welt zu sehen, das Aufmerksamkeits-Defizit-Syndrom. Schmidt-Römhild Verlag, Lübeck, Berlin, Essen, Wiesbaden.

Herm, Mareike (1999): Bedeutung der Sozialen Interaktion im Hinblick auf die Entwicklung des Kindes am Beispiel der Sprache. FU Berlin, Fachbereich Psychologie (unveröffentlichtes Manuskript).

Herm, Sabine (1989): Psychomotorik als heilpädagogisches Konzept. In: Gemeinsam Leben, 1/1989, S. 18–23.

Herm, Sabine (2001): Psychomotorische Spiele für Kinder in Krippe und Kindergarten. Luchterhand Verlag, Neuwied.

Herm, Sabine (2002): Gemeinsam spielen, lernen und wachsen. Beltz Verlag, Weinheim.

Herm, Sabine / Just, Henry (2002): Zeiten für Trauer – Zeiten für Träume
Begleitung der Eltern von Kindern mit einer Behinderung in der Kindertagesstätte. Hrsg.: Landesjugendamt Berlin

Hesse, Hermann (1976): Piktors Verwandlungen. Insel Verlag, Frankfurt am Main.

Hoffmann, Monika (1992): Zusammenleben im Kindergarten. Juventa Verlag, Weinheim und München.

Jens, Walter (1987): Ilias und Odyssee – nacherzählt von Walter Jens. Otto Maier Verlag, Ravensburg.

Jung, Carl G. (1999): Archetypen. Deutscher Taschenbuch Verlag, München.

Kast, Verena (1991): Loslassen und sich selber finden. Herder-Verlag, Freiburg, Basel, Wien.

Kast, Verena (1990): Märchen als Therapie. dtv, München.

Kiphard, Ernst J. (2000): Ein Clown auf eigenen Wegen. In: Lensing-Conrady, Rudolf / Beins, Hans / Pütz, Günter / Schönrade, Silke (Hrsg.), Adler steigen keine Treppen. borgmann, Dortmund, S. 213–226.

Köckenberger, Helmut (2001): Hyperaktiv mit Leib und Seele. Borgmann, Dortmund.

Krüger, Reinhard T. (1997): Kreative Interaktion. Verlag Vandenhoeck & Ruprecht, Göttingen.

Laewen, Hans J. / Andres, Beate Hedervari Eva (2000): Ohne Eltern geht es nicht. Luchterhand Verlag, Neuwied.

Lindgren, Astrid (1973): Michel aus Lönneberga. Verlag Oettinger, Hamburg.

Mahler, Margret S. (1986): Symbiose und Individuation. Klett-Cotta, Stuttgart.

Mallet, Carl-Heinz (1988): Kennen Sie Kinder? dtv, München.

Mitscherlich, Alexander (1965): Auf dem Weg zur vaterlosen Gesellschaft. Piper, München.

Mitscherlich, Alexander (1972): Das Vokabular der Psychoanalyse. Suhrkamp Verlag, Frankfurt am Main.

Neuwirth, Monika (1996): Junge sein als Risikofaktor. In: motorik, 19.Jg. Heft 3, 1996, S.133–141. Omer, Haim / von Schlippe, Arist (2002): Autorität ohne Gewalt. Vandenhoeck & Ruprecht, Göttingen.

Rohrmann, Tim / Thoma, Peter (1990): Jungen in Kindertagesstätten. Lambertus-Verlag, Freiburg.

Schaff Christa (2001): Das hyperkinetische Kind im Spannungsfeld des Geist-Körper-Dialogs. In: Analytische Kinder- und Jugendlichen Psychotherapie, Heft 112, XXXII. Jg. 4/2001, S. 543–560.

Schnack, Dieter / Neutzling, Rainer (1995), Kleine Helden in Not. Rowohlt TB Verlag, Reinbek.

Schultz von Thun, Friedemann (1881). Miteinander reden. Rowohlt TB Verlag, Reinbek.

Sendak, Maurice (1967): Wo die wilden Kerle wohnen. Diogenes Verlag, Zürich.

Siebers, Christine (2001): Abenteuer Sprache. Jugendamt der Stadt Dortmund

Simon, Fritz B. / Stierlin, Helm (1984): Die Sprache der Familientherapie – Ein Vokabular. Klett Cotta, Stuttgart.

Springer, Roland (1995): Grundlagen einer Psychodramapädagogik. InScenario Verlag, Köln.

Stierlin, Helm (1990): Individuation mit dem Eltern – Individuation gegen die Eltern. In: Voß, Reinhard (Hrsg.), Das Recht des Kindes auf Eigensinn. Ernst Reinhard Verlag, München / Basel, S. 63–70.

Sturzbecher, Dietmar (2001): Selbstwirksamkeit und Partizipation. IFK Universität Potsdam (unveröffentlichtes Manuskript).

Thielke, Wolfgang (1999): Jungen brauchen Liebe. Midena Verlag, Augsburg.

Tischler, Lydia (2001): Was ist ADS / ADHS? Theorien über Ursachen und Behandlungsmethoden. In: Analytische Kinder- und Jugendlichen Psychotherapie, Heft 112, XXXII. Jg. 4/2001, S. 509–517.

Voß, Reinhard (Hrsg.) (1990): Das Recht des Kindes auf Eigensinn. Ernst Reinhard Verlag, München, Basel.

Voß, Reinhard / Wirtz, Roswitha (2000): Keine Pillen für den Zappelphilipp. Rowohlt Taschenbuch Verlag, Reinbek bei Hamburg.

Watzlawick, Paul / Beavin, Janet / Jackson, Don (1980): Menschliche Kommunikation: Formen, Störungen, Paradoxien. Verlag-Hans Huber, Bern, Stuttgart, Wien.

Wendtland, Wolfgang (1998): Sprachstörungen im Kindesalter. Thieme, Stuttgart, New York.

Zeitlinger-Hochreiter, Caroline (1996), Kompendium der Psychodrama-Therapie. InScenario Verlag, Köln.

Zimmer, Renate (2001): Was Kinder stark macht. Herder-Verlag, Freiburg, Basel, Wien.